晚清现象

王稼句 ◎ 整理 点校

山東畫報出版社

图书在版编目（CIP）数据

晚清现象/王稼句整理点校. —济南：山东画报出版社, 2020.6
ISBN 978-7-5474-3499-4

Ⅰ. ①晚… Ⅱ. ①王… Ⅲ. ①画报－汇编－中国－清后期 Ⅳ. ①G219.295.2
中国版本图书馆CIP数据核字（2020）第081439号

WANQING XIANXIANG
晚清现象
王稼句　整理 点校

责任编辑　张雅婷
装帧设计　周　晨

出 版 人　李文波
主管单位　山东出版传媒股份有限公司
出版发行　山东画报出版社
社　　址　济南市市中区英雄山路189号B座　邮编 250002
电　　话　总编室（0531）82098472
市场部（0531）82098479　82098476（传真）
网　　址　http://www.hbcbs.com.cn
电子信箱　hbcb@sdpress.com.cn
印　　刷　济南龙玺印刷有限公司
规　　格　170毫米×240毫米　1/16
31印张　338幅图　420千字
版　　次　2020年6月第1版
印　　次　2020年6月第1次印刷
书　　号　ISBN 978-7-5474-3499-4
定　　价　98.00元

前　言

本书图文均选自《图画日报》。

《图画日报》创刊于一九〇九年八月十六日（宣统元年七月一日），日出一册，至一九一〇年九月二十九日（宣统二年八月二十六日）刊出最后一册，其间己酉、庚戌年假休刊八天，共出版四百零四册。每册十二页，单面印，开本纵二十五厘米，横十点五厘米，油光纸或连史纸石印经折装，封面双色，署“上海环球社编辑发行”。

《图画日报》并无创刊词，但在创刊前，《申报》连续刊出“《图画日报》定期出版”的广告，其中表明了刊行宗旨：“本社同人以增长国民智识、开通民社风气为己任，纠合同志数十人，分任编辑、调查、摄影、绘画诸事，期组织一文明有益之事业，贡献于社会。”自第一号至第八号，又每天刊出征稿启事三则（以后减为两则或一则），进一步深化了刊行宗旨，提出了对社会性、知识性、本土性、真实性的追求。

“本馆征求小说”：“本馆之设，为开通社会风气，增长国民智识，并无贸利之心。惟小说一门，最易发人警醒，动人观感，故本报逐日图绘社会小说《续繁华梦》及侦探小说《罗师福》二种，以饷阅者。惟逐日出版，著作需时，本馆同人除著述、编辑、调查外，惟日孳孳，大有日不敷给之势。伏念海内不乏通人，如蒙以有裨社会、有益人心世道之小说见贻，不拘体裁，长短咸宜，特备润资，以酬著作之劳。译本请勿见惠。务祈不吝珠玉，无任盼切。本馆著述部同人公布。”

“本馆征求名人小影”：“谨启者，泰西各国，凡君主总统，内外各大臣，以及绅商学各界有名人物，均有肖像，并详载政绩事实，盖以备社会之矜式，发国人敬礼之观念，用意诚远且大也。吾国现届九年预备立宪时代，凡一切新学问、新事物勃兴未已，而独于政界、学界、商界、实业界各名人概无记载，致盛德勿彰，识荆无术，即异国人之来游者，欲悉此邦人物，亦难以按图而求，殊不足资观感而深向往。敝社同人不揣梼昧，特设环球社于四马路中和里对门，编辑各国风景及中外名人事略，汇订成书，按日出版。他日书成，自应按期赍呈哂政。如蒙惠赐玉照及年岁、住址、政绩、事功，另立表式如下，即希交贵书记逐行填写，迅赐邮寄本社，俾得摹绘入册。所辑小传，系据稿记载，并不敢稍参褒贬，以存真相。事关公益，务乞不吝珠玉，无任盼祷。环球社图画日报馆谨启。”

“本馆征求上海建筑及商场”：“启者，本社每日于本报第八页增绘上海之新建筑一门，如学堂、医院、公所、厂房、花园、局所、银行以及各大商业，凡关公益之建筑，商业之建筑，除由调查员随时摄影、调查外，特恐挂漏万一，以讹传讹。如蒙代为介绍，即恳详示坐落及建筑时代、建筑费用，以存真相。设能将房屋影片一并邮寄本社，俾得逐日摹绘刊登，聊尽提倡之微意。此布。图画日报馆谨布。”

这三则征稿启事，同时显现了报馆同人的主观愿望和具体做法。

如果将《图画日报》置于晚清以来的百种余石印画报中来考察，它的特色是很明显的，大致说来，有以下几点。

一、每日一刊，时效性强，信息量大，乃是中国近代出版史上最早出现的画报类日刊。独立发行，并不随报附送，零售价每册铜元三枚（外埠三分），订阅价每月洋一元，一季二元八角，半年五元五角，全年十一元；第二年起有所下降，一季二元二角，半年四元二角，全年八元二角。因此为了扩大销路，维持正常出版，除本身的内容选择、栏目设置外，招徕了大量广告，还采取一系列推广措施，如附赠《十日小说》（每月三册），举行竞猜画谜（每月三次），以赠阅方式酬谢代为征订者等，这在近代出版史上是比较先进的市场营销手段。

二、先后设置栏目二十六个，在晚清石印画报中或许是最多的。其中“大陆之景物”“时事新闻画”“新智识之杂货店”“绘图小说”“世界新剧”“世界名人历史画”贯穿始终。当时在读者中有较大影响，且被后来研究者关注的栏目，另有“上海之建筑”“上海著名之商场”“营业写真”“上海社会之现象”“庚子国耻纪念画”“上海新年之现象”“上海曲院之现象”“三十年来伶界之拿手戏”“鸦片烟毒之现象”等。这些栏目构成了时事新闻、社会现象、民生百态、人物传略、城市景观、名胜风光、岁时风俗、剧坛往事、域外文化等不同版块，不但分类部署，井然有序，而且对建立风格、锁定读者起了很大作用。

三、内容繁富，层次分明，既立足上海，又关注全国，甚至放眼世界。所谓立足上海，除“上海之建筑”“上海著名之商场”“上海社会之现象”外，更有大量上海社会新闻，“营业写真”也基本都是上海的“三百六十行”，其中不少是新兴的职业，如“卖发财票妇女”“砌街匠”“装自来水”“修电线”“电车司机人”等。所谓关注全国，“时事新闻画”“庚子国耻纪念画”等直接反映时事形势，“鸦片烟毒之现象”也带有普遍性，“北京曲院之现象”“南京曲院之现象”“苏州曲院之现象”等则记述了各地的风花雪月。就总体来说，外埠的新闻（包括绘画）不及本埠详实，但比之《点石斋画报》等已聊胜一筹。所谓放眼世界，如“时事新闻画”报道了“日本地震之激烈”“英庭审讯运动革命之印童”“墨西哥矿炸肇祸”“美国雪灾”等重大事件，“大陆之景物”介绍了世界各地的山川形胜、人文遗迹，“世界名人历史画”介绍了拿破仑等十位影响历史的人物，“新智识之杂货店”中的“游戏科学”则介绍了西方新事物和科学技术知识。

四、因各专栏的题材不同，图绘形式亦分为多种。如“大陆之景物”“上海之建筑”“上海著名之商场”“世界名人历史画”“当代名人纪略”等，绝大部分根据照片摹绘，留下了相对真实的历史图像；如“时事新闻画”“营业写真”“上海社会之现象”“鸦片烟毒之现象”等，采用写实性的简练笔法予以描绘，画面紧凑，人物造型生动，周边环境逼真；“三十年来伶界之拿手戏”，完全表现舞台演出场景，服饰道具均有依借，演员开相、神态则似是而非；“新智识之杂货店”“俗语画”，则属于漫画，尤其是前者，在近代漫画史上占居重要一席。

五、报道具有真实性，人物、事件、建筑及具体的时间、数据等，几乎都可作为研究社会和历史的参考。如“上海著名之商场”中的中法大药店，介绍了它的股东、注册资本、坐落、门牌、电话号码、电报挂号、主要商品、各埠分号、每年营业额等。再如“大陆之景物”中的伦敦圣保罗教堂，介绍了它的建造历史、建筑工程师、资金来源、整体规模、位置形胜，乃至开放时间、祈祷时间等。凡所行文，并不是纯粹地作说明，而时有掣胜之笔。

六、文字形式多样，相对浅近、活泼、生动，略带时尚小报的叙述风采，能引发市民的阅读兴趣。如“上海社会之现象”以寥寥数言作引首，揭示话题外，还借用各种文体来作铺叙，特别是开篇、山歌、五更调、东乡调、鲜花调、竹枝词、三字经、小热昏、上海码头曲、十送郎、童谣、酒令、急口令等俗文学样式，即使借用旧体诗词或传赞赋序等，也完全通俗化了；“营真写真”则都以俚词来作行业的解释和引申。如果要研究近代通俗文艺的丰富性，《图画日报》是可以提供例证的。

因此，《图画日报》比较前期的石印画报，在开拓读者视野、报道时事新闻、反对封建迷信、宣传科学知识等方面，已有明显的进步。同时也有它的时代局限性：如报道社会新闻，仍津津乐道姑嫂斗法、翁媳通奸等；某些报道有夸张、虚构的成分；普及科学知识，因未曾见过，就凭想象任意绘写。在绘画技艺上，也不及《点石斋画报》、广州《时事画报》等来得笔触细腻、绘写生动。但作为晚清市民的通俗性读物，它的历史文献价值依然是巨大的。

环球社图画日报馆内设著述、绘画、调查、摄影四部：著述部负责文字撰写，人员有孙家振、李涵秋、贡少芹、钱绍芬等通俗文学作家，另有晋玉、雨田、秋石、宜璧、捷走、陛青、南风亭长、蒋景缄等；绘画部负责绘制图画，人员有孙继（兰荪）、陆鼎恒（子常）、张树培（松云）、刘纯（伯良），另有式如、咏霓、玩月、如兰、紫翔、秉铎、韫方女史、箴斋、井原太郎；调查部负责采访，其职任相当于外勤记者，人员有鸣凤、如兰、勒兰克；摄影部主要负责翻拍图文，制版后供石印用，人员有云蒸、福井三岛。报馆同人中有外籍人士，尤多日本人。有研究者认为《图画日报》同时在日本发行，封面上除有大清宣统纪年外，亦有日本明治纪年，且有大清邮政总局和日本邮局的邮政许可。

本书辑集《图画日报》中凡属“现象”的专栏，有“上海社会之现象”“上海新年之现象”“上海曲院之现象”“北京曲院之现象”“南京曲院之现象”“苏州曲院之现象”“鸦片烟毒之现象”七种。

“上海社会之现象”，一百五十四幅，咏霓、玩月、张树培、刘纯等绘。这个专栏描绘了一个文明开化与虚骄鄙陋并存，同时又引领时尚潮流的晚清上海面貌，作者臧否时弊的态度是强烈的。这些现象非常广泛，体现在衣食住行等各个方面。在服饰上，女子穿滚边马甲，冬令用围颈、臂笼，披斗篷，手携皮袋，戴珍珠项链；男子穿翻毛马褂，御外国大衣，戴尖头小帽；男女均衣尚高领，悬纽子花，着皮靴，镶金牙，戴金丝眼镜，戴金刚钻戒。在饮食上，广东馆、番菜馆、宵夜馆如雨后春笋，生意兴隆，成为追逐时尚的新去处。在居住上，凡赁居者，租金日贵，而每月索讨房租急急如律令。在出行上，包车、马车依然盛行，电车、汽车、火车应运而生，交通的快捷和方便，前所未有，大大满足了行旅需求，但事故亦时有发生；骑脚踏车者越来越多，而女子骑行尤为时髦。在娱乐上，戏馆演戏，书场说书，四马路影戏，跑马厅西人跑马，夜花园滩簧，街头小热昏，让人游观无厌，又有叉麻雀、斗蟋蟀等种种消遣，妓院里更是五光十色，花样繁多。在商家经营上，或以盘店、关店等名义脱货，或广发传单作招徕，或在年终做押款；滑头浮夸，买空卖空，正是沪上的一时风气。当时新鲜事物正在不断出现，如演讲会、文明结婚、学生排队出行等，旧俗依然存在，如盂兰盆会、烧香求签、看香头、送羹饭、叫魂、放爆竹救月蚀。这正处于新旧交替的时代，作者对亲眼目睹的社会现状作了客观、真实的反映。

“上海新年之现象”，二十五幅，刘纯、张树培绘。这个专栏刊载于宣统元年岁暮、二年岁首，正所谓“过大年”之时。上海年俗中的“兜喜神”“接财神”“请年酒”“迎紫姑”“走三桥”“点星宿”等，依然是传统的节目，而“看灯戏”“跑马车”“开学堂”“迎喜神”等，则又带着时代的新鲜气息。无论新旧，画面上的街市景象、家庭陈设，已与往昔不同。上海人喜新与怀旧交融的心态，在过年时充分地显露出来了。

“上海曲院之现象”，七十四幅，孙继绘。这个专栏记述了当时上海的妓院生活。一是妓女装扮，如衣衫洒香水，随身携带小镜子、东洋小扇；日晡方起，所梳之髻，类乎旧时之“荡七寸”，云鬓蓬松，更显妖冶。二是妓女日常生活，如叉小麻将，听说书，串戏则以生旦为多，更喜欢照相，凡遇先生生日或小本家及本家生日，必请清音或宣卷，而一切每由狎客为之破费。三是接客种种，如操吴语，摆台面，起手巾，侑酒度曲时尚京调梆子，版刻局票开始流行，十六岁以下者不准接客，幺二妓院则有移茶之举；出应堂差则乘包车或马车，往往一人独坐，或借乘狎客汽车，招摇过市，出入于各番菜馆和酒楼饭店。四是妓女俗信，如每届过节烧路头两次，宣卷一次；每届朔望之夜，群往小东门外洋行街，向墙上财神像烧香祈祷，平日则叩祷英大马路保安司徒庙（虹庙）；每届大小月底，必烧锡箔、纸煤以邀鬼佑；每届夏秋之交，必延道士建醮三日，谓之保安醮坛。五是妓女出路，一旦从良，往往复堕风尘，俗谓之淴浴，有浴至三五次者；以沪地各妓论，立志从良者少，有心淴浴者多，而济良所之设，则为受凌虐之妓，立一保护机构也。六是妓院规矩，如每届端午、中秋、冬至三节，例以礼物馈客，谓之节盘；又每逢三节，院中厨子必于每妓房中馈菜六肴，名曰司菜，借索节费，各妓邀狎客代偿此资；三节后，妓往往有调头之举，既入新居，和酒连绵，缠头急博；凡有客至，必将门帘下垂，俗例有所谓客不见客，再有客来，各据一房，妓则往来其间；定情之夕，必燃巨烛，取洞房花烛之意；凡遇狎客拈酸吃醋之争，立唤巡捕拘究，因受工部局保护也。由于作者谙熟沪上花丛情形，描述琐细，记载了娼妓现象的近代变迁过程。

“北京曲院之现象”，十三幅，孙继绘。北妓与南妓的服饰不同，不但好高髻，重脂粉，且以男妆为时尚；出局则乘坐驴车，此往彼来，颠簸道上；狎客至院设宴，必在客厅，粉黛环于前，龟奴绕于后，花费亦较南方为贵；每届过节，开市三日，嫐客吃酒碰和。惟好尚男风之冶游风气，已不复如庚子前之盛。

“南京曲院之现象”，八幅，孙继绘。晚清南京妓院，麇集钓鱼巷一带，冶游者每以秦淮河为消遣地，而下关旅馆，妓女僦居，招蜂引蝶，以逸待劳；妓女出局，皆乘小舟，或由龟奴负之而行；城中陋巷黑暗，狎客出院，例由龟奴点灯一盏，照明引导。

“苏州曲院之现象”，十四幅，孙继绘。当时苏州冶游以画舫为主要载体，虎丘、留园、石湖、观音山、荷花荡等处遍留艳迹；自阊门外开辟马路之后，妓亦开始乘马车兜圈子；凡狎客至院中摆宴，在座者例须给洋二元，谓之虱台面；凡客妓至院内应征，例须给洋一元，谓之生场钱；灯船夏季修缮，初秋出厂，狎客必张筵为贺，并飞笺招妓侑觞；而女说书，则又冶游中之别开生面者。

“鸦片烟毒之现象”，五十幅，孙继绘。当时正处第二次大规模禁烟运动时期，一九〇九年二月一日（宣统元年正月十一日）在上海召开万国禁烟会，促进了中国禁烟运动的深入，同时也是国际间合作禁烟禁毒的开端。《图画日报》创刊后，对有关禁烟的新闻、事件多有披载。这个专栏，向世人描述了瘾君子从试吸到成瘾，从成瘾到家破人亡的全过程，不但分析了吸烟对个人健康、家庭生活的毁灭性影响，而且揭示了对国家和社会带来的巨大危害。画面写实，凄惨暗淡，配以通俗的七言诗，在对市民的舆论引导上有一定警示作用。

这本《晚清现象》仅是《图画日报》的一个选本，而《图画日报》在诸多晚清画报中，也仅是树林中的一株。陈平原先生在《图像叙事与低调启蒙》中说：“在近代中国知识更新与社会转型的大潮中，不同媒介发挥不同的功用。不曾‘独唱’或‘领唱’的晚清画报，其积极配合演出，使得此‘时代交响乐’更为雄壮与浑厚。尤其是时过境迁，其在启蒙、娱乐与审美之间挣扎与徘徊的楚楚身影，让无数读书人怦然心动；其以平常语调描述主潮、旋涡与潜流，促使史学家思考历史现象的复杂性；其对于风俗习惯、社会场景以及日常生活的精细观察与呈现，则给研究者进入历史、体会沉浮、采撷花朵提供了极大的方便。”在我来说，编这本书，只不过是“采撷花朵”罢了，聊以供献给与我有同样兴趣的读者诸君。

王稼句

二〇一九年十二月三十日

目　录

前　言……………………………………………………………王稼句　1

上海社会之现象……………………………………………………………1

演说家　……………………………………………………………2

夜花园之滩簧　……………………………………………………………4

包车出风头　……………………………………………………………6

女书场之热闹　……………………………………………………………8

报馆记者之夜来忙　……………………………………………………………10

妓院打醮之行香道士　……………………………………………………………12

跑快马车之出风头　……………………………………………………………14

滑头叫货店之怪状　……………………………………………………………16

冒充女学生之荒诞　……………………………………………………………18

兰盆胜会之迷信　……………………………………………………………20

散戏馆之挤轧　……………………………………………………………22

叉麻雀之神气　……………………………………………………………24

医生夜半出诊之锋芒　……………………………………………………………26

滑头大少吃双台之阔绰　……………………………………………………………28

野鸡妓女拉客之极形　……………………………………………………………30

愚夫愚妇烧香求签之迷惘　……………………………………………………………32

流氓调戏湖丝阿姐之派赖　……………………………………………………………34

四马路影戏之喧哗　……………………………………………………………36

小华园吃茶之写意　……………………………………………………………38

幺二堂子喊移茶之便宜　……………………………………………………………40

流氓抢物之凶横　……………………………………………………………42

恶鸨凌虐妓女之惨酷　……………………………………………………………44

升平楼野鸡之嘈杂 …… 46
老旗昌开厅之豪华 …… 48
商界接洽官场之体面 …… 50
妓佣追寻漂账客人之踉跄 …… 52
电车往来之快捷 …… 54
大菜间请客之热闹 …… 56
文明结婚之简便 …… 58
西人救火会之勇猛 …… 60
妓女奔入济良所之慌张 …… 62
挂名洋商收房租人之严厉 …… 64
文明雅集围棋之雅致 …… 65
泥城桥外看马戏之兴会 …… 66
蚁媒贩买人口之刁恶 …… 68
妓院砍斧头之重叠 …… 70
赌棍骗人赀财之可怕 …… 72
小车夫劳动之可怜 …… 74
冒名善堂劝捐之无赖 …… 76
看香头邪术之骗人 …… 78
山西佬放妓院印子钱之刻薄 …… 80
洋行街撒尿菩萨香市之污秽 …… 82
台基引诱妇女之隐秘 …… 84
星相骗人之荒唐 …… 86
妇女听书之自由 …… 88
戏园观剧吊膀子之无耻 …… 90
花烟间土娼之恶状 …… 92
妓院阿姐与恩客借小房子之窝心 …… 94
野鸳鸯借名文明结婚之可笑 …… 96
萃秀堂登高之兴会 …… 98
虹口赌台拉客之缠扰 …… 100
斗蟋蟀违禁之宜惩 …… 102

公堂拆姘头案之龌龊 …… 104
病家送羹饭之迷信 …… 106
无功名人滥戴滑头翎顶之可怪 …… 108
洋场才子之假斯文 …… 110
男女竞镶金牙齿之时道 …… 112
滑头客人在妓院海外奇谈之肉麻 …… 114
社会竞戴尖头小帽之奇形 …… 116
寓沪西商跑马之豪兴 …… 117
华人争看西人跑马之无谓 …… 118
看跑马快马车被捉之罚洋 …… 120
小热昏之瞎嚼蛆 …… 122
私门头冒称公馆之混账 …… 124
西人大跑马跳浜之勇猛 …… 126
滑头店家假名召盘关店等脱货之奇想 …… 128
幺二妓院吃菊花山酒之高兴 …… 130
妇女竞带珠项圈之妩媚 …… 132
抱烟囱叫魂之阴惨 …… 134
妇女竞戴金丝眼镜之时趋 …… 136
地皮掮客之钻营 …… 138
妇女小孩吃香烟之奇特 …… 140
小菜场买物之拥挤 …… 142
妇女竞穿滚边马甲之耀眼 …… 144
大出丧排场之阔绰 …… 146
流氓强攫妇女首饰之凶横 …… 148
大小店铺沿街发传单之热闹 …… 150
客栈伙于轮船到埠时接客之拼命 …… 151
男女衣服高领头之诧异 …… 152
贫民典物之悲观 …… 154
巡捕驱逐东洋车之威力 …… 156
妇女上街手携皮袋之轻便 …… 158

流氓持刀拆梢之凶恶 ……………………………………………… 160
官署不停刑讯之希奇 ……………………………………………… 162
城门得钱便开之荒唐 ……………………………………………… 164
妇女亦乘脚踏车之敏捷 …………………………………………… 166
骗子掷包串诈之奇想 ……………………………………………… 168
烟馆营业之惶急 …………………………………………………… 170
探捕押同窃贼吊赃之重叠 ………………………………………… 172
大排场嫁娶之热闹 ………………………………………………… 174
沪地居人娶妾之起劲 ……………………………………………… 176
冬夜广东馆吃边炉之暖热 ………………………………………… 177
冬令番菜馆之冷落 ………………………………………………… 178
愚民施放炮竹救护月食之奇怪 …………………………………… 180
汽车呜呜飞行之快捷 ……………………………………………… 182
妇女傍晚在沿街洋台闲眺之轻薄 ………………………………… 183
东洋车拦路揽客之讨厌 …………………………………………… 184
夜半后福州路车夫乞丐之纠缠 …………………………………… 186
捕房捉狗禁令之严紧 ……………………………………………… 188
出局妓女与跟局人同坐包车之局促 ……………………………… 190
妓女送客之假惺惺 ………………………………………………… 192
茶寮炕榻品茶之闲适 ……………………………………………… 194
火车开行之飞速 …………………………………………………… 196
警捕拘罚沿街小便之严密 ………………………………………… 198
幼妓偷增年岁之可笑 ……………………………………………… 200
妓院教雏姬演戏之惨酷 …………………………………………… 202
男女共悬钮子鲜花之时道 ………………………………………… 204
学生排队出行之整肃 ……………………………………………… 205
浮荡少年无事坐马车游荡之荒唐 ………………………………… 206
外国大衣与雪衣之比较 …………………………………………… 208
冬令绅商学界各穿靴子之神气 …………………………………… 210
寒天妇女俱用臂笼之娇惰 ………………………………………… 212

露天通事生意之寥落 …… 214
妓院逢节索客摆酒之缠绕 …… 216
妇女冬令亦穿靴子之矫健 …… 218
沪北每届冬令火灾叠见之可诧 …… 219
妇女冬令喜用围颈之飘逸 …… 220
旅沪客籍官绅之逍遥 …… 221
妓女改为跟局娘姨非花非叶之徜恍 …… 222
妓女赠客小照之用意 …… 224
剃头店冬令俱装火炉之阔气 …… 226
妓女寒夜出局身衣斗篷之艳丽 …… 228
保火险者放火图赔险银之狠毒 …… 230
丧葬馈送花圈之新异 …… 232
捕房押犯衣裤之特色 …… 233
吸烟人烟馆末日之沮丧 …… 234
男女手指竞带金刚钻戒指之炫耀 …… 236
巡捕拘拿乞丐之认真 …… 238
冬令翻毛马褂之埋虎 …… 240
妓女在张园拍照之高兴 …… 242
戏园案目年终拉局之闹忙 …… 244
烟馆闭歇后拍卖生财之畅快 …… 246
小酒馆小酌之闲适 …… 248
小挑膏店之乘机出现 …… 250
小洋货店带卖春药之荒唐 …… 251
老妇艳妆之丑态 …… 252
包饭作挑送饭食之便当 …… 253
小流氓抢夺送饭担上余食之强横 …… 254
私塾蒙师之鄙陋 …… 256
雉妓瞥见巡捕之慌张 …… 257
妇女身披法衣入庙烧香之奇怪 …… 258
巡捕拘拿犯人时后随多人瞎跑之可笑 …… 259

消夜馆伙顶盘送菜之蹊跷 …… 260
沿街小贩被巡捕驱逐之慌张 …… 262
报馆晨起卖报之拥挤 …… 263
痴汉驻足戏馆书场门首翘望之可哂 …… 264
茶坊酒肆年终做押款之闹忙 …… 266
乞丐年终乔装乞钱之丑态 …… 268
妓院邀客吃司菜之乏味 …… 270
年节亲友担盘送礼之忙碌 …… 271
书场年节会书之诙谐 …… 272
妓院起手巾讨赏之涎脸 …… 274
愚民送灶之迷信 …… 276
居民年终谢年之热闹 …… 278

上海新年之现象 …… 279
兜喜神 …… 280
接财神 …… 281
推牌九 …… 282
掷骰子 …… 283
开果盘 …… 284
开台酒 …… 285
放炮仗 …… 286
敲锣鼓 …… 287
请年酒 …… 288
游花园 …… 289
闹龙灯 …… 290
迎紫姑 …… 291
走三桥 …… 292
看灯戏 …… 293
打灯谜 …… 294
跑马车 …… 295

开市酒 …… 296
梅花会 …… 297
点星宿 …… 298
水仙会 …… 299
交红账 …… 300
女请客 …… 301
开学堂 …… 302
大开市 …… 303
迎喜神 …… 304

上海曲院之现象 …… 305
云髻半偏新睡觉 …… 306
茜纱窗下看梳头 …… 307
温泉滑腻洗凝脂 …… 308
云髻罢梳还对镜 …… 309
罗衣欲换更添香 …… 310
笑问客从何处来 …… 311
主人有酒欢今夕 …… 312
吴姬压酒劝客尝 …… 313
夜半月高弦索鸣 …… 314
添酒回灯重开宴 …… 315
举酒欲饮无管弦 …… 316
看竹何须问主人 …… 317
几回抬眼又低头 …… 318
侍儿扶上七香车 …… 319
轻罗小扇扑流萤 …… 320
车走雷声语未通 …… 321
排空驭气奔如电 …… 322
松风满碗试新茶 …… 323
缓寻芳草得归迟 …… 324

承欢侍宴无闲暇 …… 325
美酒一杯声一曲 …… 326
我侬试舞尔侬看 …… 327
不许闲人入看花 …… 328
梅子流酸溅齿牙 …… 329
向人欢笑背人啼 …… 330
戏罢曾尢理曲时 …… 331
每日更忙须一到 …… 332
二人对酌山花开 …… 333
不知媚眼为谁回 …… 334
日夜经过赵李家 …… 335
最是五更眠不得 …… 336
妙舞此曲神扬扬 …… 337
玉楼珠箔但闲居 …… 338
红烛影回仙态近 …… 339
绿杨分作两家春 …… 340
日暮小巢喧燕雀 …… 341
一群娇鸟共啼花 …… 342
百花生日是今朝 …… 343
金谷香尘走钿车 …… 344
菱镜也知移艳态 …… 345
道是无情却有情 …… 346
风流名字写红笺 …… 347
草阁芦帘逐晚凉 …… 348
排愁惟有听歌处 …… 349
妒花风雨便相摧 …… 350
无端嫁得金龟婿 …… 351
梅雪争春未肯降 …… 352
人面不知何处去 …… 353
庭空月白夜烧香 …… 354

香火姻缘佛有灵 …… 355
洞房昨夜停红烛 …… 356
美人犹自意嫌轻 …… 357
新鬼繁冤故鬼哭 …… 358
寻得桃源好避秦 …… 359
临邛道士鸿都客 …… 360
心怯空房不忍归 …… 361
青鸟飞去衔红巾 …… 362
惟将旧物表深情 …… 363
今朝有酒先生馔 …… 364
花不留人酒不赊 …… 365
佳节每从花下醉 …… 366
百花深处品新茶 …… 367
郎若闲时来吃茶 …… 368
烟花三月下扬州 …… 369
陶然共醉菊花杯 …… 370
月地云阶拜洞仙 …… 371
衔泥落燕垒新巢 …… 372
强移栖息一枝安 …… 373
护花恩比种花多 …… 374
安得广厦千万间 …… 375
从此萧郎是路人 …… 376
重帏深下莫愁堂 …… 377
岭南春色画中看 …… 378
嗜好与俗殊咸酸 …… 379

北京曲院之现象 …… 381
绿云高髻绾婆娑 …… 382
愿天速变作男儿 …… 383
多买胭脂画牡丹 …… 384

长安道上车如水 …… 385
春满华堂酒满卮 …… 386
一日看遍长安花 …… 387
南枝向暖北枝寒 …… 388
榆荚常飞买笑钱 …… 389
花香酒气燕都市 …… 390
呕哑嘲哳难为听 …… 391
春痕狼藉雨中花 …… 392
郎若闲时来吃茶 …… 393
此种原来不是花 …… 394

南京曲院之现象 …… 395
夜泊秦淮近酒家 …… 396
初为霓裳后绿幺 …… 397
为郎笑把临流盏 …… 398
满船明月载花来 …… 399
背驮花影过溪桥 …… 400
伤心三字点灯笼 …… 401
月移花影过房栊 …… 402
阳春有脚入门来 …… 403

苏州曲院之现象 …… 405
三更画船穿藕花 …… 406
侥幸虎丘传艳迹 …… 407
名园花木恣勾留 …… 408
百遍相过意未阑 …… 409
瑶池会上见群仙 …… 410
玉壶几费买春钱 …… 411
花阴闲坐数榆钱 …… 412
打桨来乘下水船 …… 413

月色花光共一船 ……………………………………………………414
闲花野草满山春 ……………………………………………………415
哀丝豪竹客中情 ……………………………………………………416
花时未免人来往 ……………………………………………………417
绝胜宫女谈天宝 ……………………………………………………418
绿荫幽草胜花时 ……………………………………………………419

鸦片烟毒之现象……………………………………………………421
试　吸 ……………………………………………………422
成　瘾 ……………………………………………………423
置烟具 ……………………………………………………424
烧烟膏 ……………………………………………………425
废　时 ……………………………………………………426
失　业 ……………………………………………………427
发瘾之苦 ……………………………………………………428
脱瘾之苦 ……………………………………………………429
多　病 ……………………………………………………430
弱　种 ……………………………………………………431
夏日剥肤 ……………………………………………………432
寒宵受苦 ……………………………………………………433
胖子变成瘦子 ……………………………………………………434
活人几似死人 ……………………………………………………435
室人交谪 ……………………………………………………436
家业凋零 ……………………………………………………437
旅行受累 ……………………………………………………438
误事堪憎 ……………………………………………………439
官界惊慌 ……………………………………………………440
绅董惶恐 ……………………………………………………441
军人丧气 ……………………………………………………442
学子怀惭 ……………………………………………………443

气死爷娘 …………………………………………………… 444
祸延妻子 …………………………………………………… 445
祖宗饮恨 …………………………………………………… 446
亲友批评 …………………………………………………… 447
烟馆难容 …………………………………………………… 448
公堂受罚 …………………………………………………… 449
典质衣衫 …………………………………………………… 450
抵卖田产 …………………………………………………… 451
仆婢四散 …………………………………………………… 452
器皿一空 …………………………………………………… 453
破屋迁居 …………………………………………………… 454
沿街借贷 …………………………………………………… 455
拉车无力 …………………………………………………… 456
小贩难为 …………………………………………………… 457
寒到无衣 …………………………………………………… 458
饥来乏食 …………………………………………………… 459
妻孥无奈帮佣 ……………………………………………… 460
儿女伤心出卖 ……………………………………………… 461
流为乞丐 …………………………………………………… 462
学作偷儿 …………………………………………………… 463
无地可容 …………………………………………………… 464
寻亲被斥 …………………………………………………… 465
粥厂度活 …………………………………………………… 466
善堂收留 …………………………………………………… 467
戒烟脱逃 …………………………………………………… 468
投缳求救 …………………………………………………… 469
废民注册 …………………………………………………… 470
烟鬼下场 …………………………………………………… 471

后　记……………………………………………… 王稼句　473

上、海、社、会、之、现、象、

演说家

自欧化东渐，人民知西人演说之举，最易开通知识，灌输文明，于是皆开会演说。初惟绅学界有之，近则商界及女界亦然，且恒有请人代表者，而尤以上海为独开风气之先，此举更盛。因图之，以征社会之进化，并作赞曰：

“开会演说，肇自西人。我国效之，提撕国民。或取曲譬，或主直陈。以我词旨，感彼精神。言者娓娓，听者津津。发聋振聩，去旧维新。来宾拍掌，如雷震春。”

夜花园之滩簧

上海之有夜花园，非今岁始矣。溯自西人研究卫生，每当夏秋之交，禁止游人在各花园夜游后，知有利而不知有害者，乃纷纷在租界之界线附近，搭盖茅亭数座，借供暑夜游客憩息，并亦俨以花园为名。除售茶酒之外，并雇滩簧、影戏等一切玩艺，以广招徕，而痴男怨女之借此为幽欢密约地者，无不如蚁之附膻，蝇之逐臭。故夜花园之设，有不仅虚掷金钱，饱尝风露，足以耗人资财、致人疾病者。爰绘此图，以警社会，并占七绝二首曰：

“野田草露夜漫漫，丝竹声中拾坠欢。清净园林竟如是，痴蜂醉蝶一团团。”

“争向荒丘系玉骢，晓风料峭月朦胧。鬼声已罢秋坟唱，一曲滩簧尚未终。”

包车出风头

上海自包车盛行，人取其便，于是凡住居租界者，无不家置一辆，何可厚非。自近日妓女亦用包车，而一般荡妇，遂借此为出游之具，招摇过市，直撞横冲，彼中人谓之出风头。靡昼靡夜，街上几于无时蔑有，且车上髹漆之精，车夫修饰之美，有非寻常包车所可同日语者。因戏作《包车出风头图》，而以《望江南》词四阕系之。

《望江南》：

"包车好，新式橡皮轮。行动绝无声一点，飞奔直欲辟千人。一路扬轻尘。"

"包车好，觅得好车夫。称体号衣新耀眼，压眉草帽小遮肤。巧样更蹊模。"

"包车好，日日出风头。不障皮篷嫌气闷，斜撑洋伞卖风流。圈子乱兜兜。"

"包车好，夜夜去探春。药水灯儿明似月，绣花垫子软于茵。高坐画中人。"

女书场之热闹

沪北之有女书场，始于四马路也是楼等，迄今二十余年矣。法租界小东门外，彼时亦曾开设，旋即闭歇。近则四马路有天乐窝、天香楼、小广寒及新开之琴仙楼等家，每夜生涯，颇形热闹。戏作是图，并拟开篇一支，以供阅者一粲。

开篇：

“福州路上女书场，金碧楼台耀眼光，头等名家牌乱挂，电灯影里好辉煌。登楼共把弹词听，见一座书台的四方，台上琤玐锣鼓响，夹着那，胡琴鼓板韵悠扬。台中名妓将歌按，好一似，百啭流莺绕画梁，有西皮，有二黄，还有昆腔梆子腔，徽调四平高拨子，开篇小调与东乡。纷纷听客台前坐，周到堂倌伺候忙，急把雨前茶泡到，手巾乱搅起锋芒。望只望，有人点戏分堂彩，岂为书茶角把洋。说什么，相好在台须要点，俏娘姨，烟筒空送恐难当。说什么，新来有妓非凡好，可要催来窈窕娘。说什么，满堂红乃是财星点，今夜财星可解囊。这多是，哄人把着金钱耗。我想来，何必痴将阔少装，还是省钱休浪费，只听不点也何妨，莫向花前乱发狂。”

报馆记者之夜来忙

自同治年西人美查君创设《申报》，为上海有华字报纸之始，逮后《沪报》《新闻报》等踵起，今则报界更形发达。惟各报馆之记者，其笔墨之忙，每在夜分，埋头灯下，况瘁异常。盖以各处访稿之至，半须傍晚始达之故，然而记者苦矣。作《报馆记者夜来忙图》，并系以传。

《报馆记者传》（仿《五柳先生传》）：

“记者不知何许人，亦不详其姓氏，馆中掌记述部，因以为号焉。率直敢言，不避权贵。好磨夜，不求甚早，每有所闻，便欣然序稿。性嗜爽，言事不稍曲讳。政府知其如此，乃定律以限之。展阅辄骇，期在必守；既守而噤，其奈任情阿谀。终岁棼然，无间寒暑，灯前桌上，稿件盈尺，纷如也。常著论说自娱，颇适己志，开通社会，以此自期。赞曰：时人有言，不切切于势要，不急急于利禄。其言兹若人之俦乎？燃犀铸鼎，以竟以志，玛志尼之流欤？加富尔之流欤？”

妓院打醮之行香道士

沪北各妓院，每届秋令，必延道士建醮三日，而第一日各道士必出外行香，有奏乐者，有击钲铙者，更必有所谓法师者一，坐剥衣轿子内，意气扬扬，其容可掬，见者罔不嗤之以鼻。此种社会现象，最足令人捧腹。作《妓院打醮行香道士图》，缀以香赞一、香诰一。

香赞："炉香乍爇，孽海生春。鼓钟铙钹闹纷纷，捣鬼更装神，笑倒途人。大圣招摇过市，大天尊。"

香诰（仿斗诰）："志心龟命礼，花天乐国，大色光中，真空妙相石朝官，无上元元黄道士。烟泡吞后，神气刚来，鬼符画时，面容逼板，碰令牌于曲院，坐光轿于当街，瘟生有难要花钱，相好借因来逼客，大花大样，大喜大欢。秽德钝光大帝，魔哩昏天上圣，滑头救苦天尊。"

跑快马车之出风头

沪地马车之多，甲于他埠，而以跑快马车为出风头者。冶游之痴男荡女，亦多于他埠。巡捕房恐其肇事，一再饬捕严拿。若辈乃移昼卜夜，每于夏秋之交，值夜花园开设时，纷至租界及华界之界线左近，以试其罄控纵送之技，遂致伤人肇事，时有所闻，最为社会恶习。本报为维持社会风俗计，乌得不画，乃作此图，并缀以《跑马车短曲》曰：

“晓风淡荡残月斜，痴男荡女跑马车。火星乱迸四蹄铁，灰土突迷两眼沙。痴男荡女色然喜，若不争先誓不已。一鞭各自出风头，欲把输赢顷刻比。不图巡捕来道旁，狂吹警笛声伊凉。奋臂环把快车捉，此时进退真彷徨。一车蓦地忽逮捕，一车奔避恨无路。砉然一声天地惊，马仰人翻车压破。翻车尚自小惊慌，更怕途人误受伤。破晓捉将官里去，罚锾不仅破悭囊。”

滑头叫货店之怪状

上海之有叫货行，自西人始，无论何种货物，皆可赴行拍卖，以出价较昂者得之，一秉至公，毫无弊病。乃近岁忽有滑头叫货店出现，赁屋一椽，置零星货物若干，雇一伪洋人高坐柜台，每夜开门叫货，甚至有私植党人、高抬价值之事，而所卖之货，衣服为多，又俱不堪服用，以致受其愚者，罔不为之愤懑。因作是图，并集《四书》句以调之。

《集四书》：

“西夷之人也，不远千里而来，居于市，生财有大道，主忠信，人皆仰之。今也不然，有贱丈夫焉，好货，空空如也，夏日袗絺绤，冬日衣轻裘，素以为绚兮，相率而为伪者也。有人于此，拱而立，执其两端，以左右望，曰：‘沽之哉，沽之哉！’其徒数十人，瞻之在前，嚣嚣然曰：‘我所欲也。’当是时，人皆见之，不相为谋，而附益之，或相倍蓰，欲其自得之也。隐几，恶声，至择其善者而从之，曰：‘我与女。’宾退，卷而怀之，归与归与。然后察之，不知所以裁之，屡憎于人，客不悦，曰：‘鄙哉，夫何使我至于此极也，小人间居为不善，众人固不识也。我末如之何也已，而今而后，告诸往而知来者，如有所试矣，鸣鼓而攻之可也。夫我则不暇无已。其恕乎？三过其门而不入，我何为不豫哉！’”

冒充女学生之荒诞

沪上近来有种似妓非妓之荡妇，伪作女学生装束，招摇过市，惹草拈花，最为女学界前途之害。此而不惩，适贻阻挠女学者之口实。因亟绘图，并成短赋，以警告有维持女界之责者。

《冒充女学生赋》（以题字为韵）：

“有美人兮何儿傲，高视阔步兮殊绝倒。趿格格之皮鞋，戴棱棱之草帽。目罩金丝之镜，几难月貌偷窥。辫飘彩色之绸，更觉风头直冒。彼何人斯，翩若惊鸿，似文明种，具自由风，亦莘莘之学子，为矫矫之女雄。不图燕婉堪求，竟尔由房许赋。倘遇鸠媒订约，居然下陈可充。尔其姗姗而来，盈盈不语，宜笑宜嗔，且行且伫。盼春信之潜通，羌芳心兮默许。广寒可入，恍逢奔月仙娥；巫峡容登，竟作行云神女。甚或假托守贞，自矜抱璞。郎赋采兰，妾难赠药。倘非资耗千金，未许梦同一觉。说甚垣空有耳，小姑深畏人言。那知阵设迷魂，夫人竟由婢学。何来荡妇，卖此风情，疑真疑假，可诧可惊。既玷女权之宝贵，更败女校之声名。是宜斩草除根，严除莠种。莫使看朱成碧，大误苍生。”

兰盆胜会之迷信

上海每届七八月间，盛行兰盆胜会，延和撞、和荡、和闯、和浪、和样、和障一流人，建设醮坛，大施法食，美其名曰赈济幽魂。近幸科学渐明，此风虽渐消灭，然一般迷信者流，犹有仍循旧俗、牢不可破者，不特虚掷金钱，抑且障碍进化。爰绘是图，并仿彼教中语，作《智慧经》一卷，警告社会。

《智慧经》：

"南无不若破除迷信，世间大智慧佛说《智慧经》曰：人惟有智，乃能不迷；人惟有慧，乃能不信。无智无慧，即信即迷，迷信不已，乃耗无量无用之资。谄事鬼神，谓鬼求食，须得高僧超度，往生西方；谓神须以香烛顶礼，请僧斋醮。孰知世间无所谓鬼，鬼即是僧，故以鬼话愚人，造作鬼经鬼咒；无所谓神，我即是神，当秉神圣不可侵犯之权，提撕社会，使知觉悟，使无迷信。无迷信，则无梦想崇拜，无供献，无祈祷，无僧亦无醮，乃至无异端。大智慧佛说《智慧经》毕，而作偈曰：迷醒迷醒谛，性明性明谛，迷而醒谛，大澈悟谛，性而明谛，大开通谛，开通澈悟娑婆诃。"

散戏馆之挤轧

沪上戏园林立，每值散戏之时，红男绿女，蜂拥出门，而马车、东洋车、轿子又每每拦截途中，挤轧万状，最为可畏。彼时更有游手及窃贼等，混杂人丛，起意攫窃，殊令人防不胜防。漫成此图，缀以《集戏名京调》一折，以博阅者一粲。

《集戏名京调》：

“黄金台串戏散了场，画春园口闹嚷嚷，有的是，红鬃烈马车上来，双双跑马去扬扬；有的是，三上轿把轿来上，五彩舆儿满道旁；有的是，母女会同把价讲，挑华车子坐东洋；有的是，父子会同步街上，夜行路惯不慌张（夜行路即打杠子）；有的是，夫妻相会情欢畅，再到醉仙楼上醉一场；有的是，全家福气同游逛，九更天回去也不妨。怕只怕，偷鸡有贼人丛闯，三只手儿难提防（现已禁演之送灰面亦名三只手）。被他大掉枪花把东西丧，错中错误恨难当。喜只喜，巡捕忽射红灯亮，活捉窃贼解公堂。”

叉麻雀之神气

沪上赌博之事，不一而足，而近来社会之最盛者，以麻雀牌首屈一指，甚至无时无地不闻牌声。嗜此者，每每愈胜愈叉，愈负愈叉，不胜不负亦叉，异常兴高采烈。其实消磨岁月，耗费金钱，弊害有不可胜言者。作《叉麻雀图》，并成试帖诗八韵，阅者注意试帖诗中结语可也。

《赋得叉麻雀》（得叉字五言八韵）：

“麻雀牌谁起，开心胜挖花。百元狂打打，十块小叉叉。倒勒真堪喜，平和亦可嘉。嵌档欣自摸，暗杠乐无涯。成对原须碰，钉张不会差。加圈输极客，连旺买庄家。已得中风克，还将白板巴。只防连日负，赌账不容赊。”

医生夜半出诊之锋芒

沪上医生之多，乌可以偻指计，其心术纯正、医理高明者，固不乏人，而一班略读汤头歌诀、药性赋，便以时医自命之人，偶有病家延之视诊，不特勒索重资，且必迟迟我行，于夜半后，始乘飞舆而往，一若不如是不足以显其锋芒者，而于病人之耽误时刻，不及服药，若辈竟毫不计及。此风最为可恶，急绘《医生夜半出诊锋芒图》，并戏定一方，以质诸自命时医者。

时一帖：

“时邪入心包络，以致昼伏夜动，发为种种怪象。脉来迟，数兼带，浮滑不耐重按，舌垢腻，谵语时作。此走头伤寒之变相也。法宜祛邪扶正，以复旦气。祈高明正之。天理，三分；良心，一个；老实话，三句；热肠，一片；血性，一分；嫩面皮，一张；侠骨，一副；胆汁，一滴；飞毛腿，一双。加正气丸一粒，用百滚水煎服。愈后，忌食凉血动物。”

滑头大少吃双台之阔绰

沪北各妓院中，近多金玉其外败絮其中之一流人，即谚所谓“滑头大少”者，胡乱开筵宴客，采烈兴高，且每宴必摆双台，以示阔绰，逮至逢节，一漂了事，足征风俗人心之坏。铸鼎象奸，本报之责，缘绘此图，并仿骚体作词以嘲之。词录如下：

“惟滑头之大少兮，开豪宴于花丛。羌一台之不足兮，乃双台之自雄。家无柴而无米兮，慨两手之空空。犹硬争夫场面兮，俨倚翠而偎红。质衣衫以为下脚兮，铿掷付乎台中。嗤娘姨大姐之目盲兮，堆满脸之笑容。谢大少之照应兮，竟误认为财翁。逮节到而归账兮，忽不见夫影踪。始猛醒为漂匪兮，已追捕而无从。第杀千刀之痛骂兮，盼狭路之相逢。剥衣裳以现厥原形兮，滑头大少乃难见夫江东。”

野鸡妓女拉客之极形

上海市语，凡营业之不入行家者，谓之野鸡，如野鸡马车、野鸡挑夫等，不胜枚举，至妓女之称野鸡，殆亦别于长三、幺二诸妓而言之。或曰野鸡实冶姬之转音，说亦可通。上海野鸡妓之多，以四马路胡家宅一带为最。羊灯初上，群雌粥粥，蹀躞街头，见有行道之人，曳袖牵衣，百般啰唲。十二点钟后，更强拖横拽，施其野蛮之手段。事虽可恶，然亦有不得已之苦衷在，是诚罗刹之现形、脂粉之活地狱也。爰绘是图，并集《葩经》四章以形容之。

《打野鸡》（集毛诗）：

（一）“夜如何其夜未央，雉鸣求其牡。将翱将翔，掺执子之祛兮，右招我由房。”（赋也）

（二）“有客有客，匪媒不得。求之不得，戢其左翼。”（赋也）

（三）“肃肃宵征，参池其羽。不遂其媾，泣涕如雨。”（赋也）

（四）“东方明矣，忧心忡忡。式微式微，甘与子同梦。”（赋也）

愚夫愚妇烧香求签之迷惘

吴俗酷信鬼神，沪地尤甚，以致时有愚夫愚妇烧香求签之事，一若人有何事，神必能为之指示者。其实签书俱由庙祝胡乱造成，愚人之愚，一何可哂。爰作是图，附以“上上”“中平”“下下”签三支，欲求签者，曷于三签求之，窃谓语简意赅，实胜神签万万也。

签语录下：

第一签“上上”：“尔是人中最吉人，莫因迷信昧天真。世间万事须求己，人若知己便是神。家宅：随遇为安，攸往咸宜；疾病：研究卫生，自然无病；词讼：让人一步，息讼最佳；功名：学术湛深，不求自至；婚姻：娶媳求淑女，嫁女择佳婿；求财：以义为利，则财恒足；求子：清心寡欲，一定多男；失物：是君之物，自然复得。”

第二签“中平”：“凡人见理要分明，见理明时心地清。趋吉避凶何必问，好凭心理悟前程。家宅：君子吉，小人否；疾病：宜延良医调治；词讼：理直气壮，何患不胜；功名：苦心勤读，可望成名；婚姻：择人品为上，择门第次之；求财：小富由勤，可操左券；求子：却疾调经，求子之秘；失物：宜出赏格，四处找寻。”

第三签“下下”：“吉凶悔吝生乎动，扰扰纷纷大可哀。世事莫如安定好，问君何必苦求来。家宅：妖由人兴；疾病：酷信星命巫觋，命将不保；词讼：以曲作直，贿赂枉行；功名：热衷躁进，蹉跌随之；婚姻：齐大非偶，必有后悔；求财：非义之财，得亦不久；求子：广置姬妾，大非所宜；失物：诬人偷窃，祸将立至。”

流氓调戏湖丝阿姐之派赖

沪北每有多数之流氓，俟各丝纱厂女工散工之时，乘间挤轧调戏，以致时有被控之事，而惩者自惩，犯者仍犯。此风究不能绝，实为风俗之害。因状以图，并缀山歌六支，非欲戏学流氓也，不过袭其腔以警社会之耳鼓云尔。

山歌：

“四句头山歌啥好听，我唱山歌勿该应。各公哚覅把我山歌笑，小区区要使流氓显原形。”（其一）

“湖丝阿姐碌里来，阿勒哚丝厂里面打盆回。我勒里三岔路口等倷啥事体，倷阿把我心事得来猜一猜。”（其二）

“猜一猜来猜一猜，倷勿要装啥假痴呆。肚皮里吃仔油火虫勒烁白亮，阿晓得女貌要配郎才。”（其三）

“阿姐听见仔怒冲冲，闸生头里板面孔。我说阿姐倷要打要骂要骂要打只管来打骂，我鞹牢住仔阿姐勿放松。”（其四）

“马路里幸亏巡捕多，巡捕看见仔就来拖。一把辫子送到当官去，倒说道吃场把官司啥在乎。”（其五）

“覅说官司啥在乎，吃官司到底勿好过。我劝流氓早点回心转，覅看见仔女眷碰碰瞎呼呼。”（其六）

四马路影戏之喧哗

西人有电光影戏，固绝无声息之美剧也，乃观于四马路之各影戏场则不然，有雇用洋鼓、洋号筒者，间亦竟有用中国锣鼓者，喧哗之声，不绝于耳，是与西人适成一反比例也。绘《影戏喧哗图》，并缀《五更调》形容之。

《五更调》：

“一更一点月吐光，影戏闹忙，呀呀得而哙，将要开场，乌都乌都啥花样，号筒响，洋喇叭呀，声气真长，呀呀得而哙，吹得头胀。二更二点月横空，大鼓蓬蓬，呀呀得而哙，耳朵震聋，人山人海门前拥，脚勿动，朝里望望，呒啥影踪，呀呀得而哙，大家勿懂。三更三点月儿高，锣鼓乱敲，呀呀得而哙，看客坐牢，歇子半刻做一套，好心焦，难得看见，倒说真好，呀呀得而哙，片子勿少。四更四点月更明，影戏做停，呀呀得而哙，账目结清，为啥勿听见洋钱叮，勿开心，市面坏呀，生意勿灵，呀呀得而哙，铜钱难寻。五更五点月向西，看客回去，呀呀得而哙，一路鸡啼，想想刚刚看影戏，真拥挤，好热闹呀，吵得稀奇，呀呀得而哙，阿要神气。”

小华园吃茶之写意

上海城厢内外及租界各处之茶馆，多至不可胜计，然其器具之粗率，地位之溷浊，一入其中，殊令人俗不可耐。独小华园之茗肆则不然，密树如帷，繁花似锦，凭阑闲眺，清芬扑人。楼上另设有女客间，桌椅均以竹制成，朴而不野，华而不俗。午后三四钟时，明珰翠羽，粉黛如云，风生七碗之余，几令人作飘飘欲仙之想，沪滨嚣俗地，于此庶少得佳趣焉。爰绘是图，并仿《陋室铭》以扬之。

“楼不在高，有树则清；园不在大，有花则名。斯是精室，惟人所欣。谈笑有鸿硕，往来多燕莺。可以解绮愁，畅幽情。非烟霞之嗜好，异赌博之劳神。租界升平楼，城内湖心亭，茶客云：何精之有？”

幺二堂子喊移茶之便宜

英租界之东西棋盘街，向为幺二妓聚集之所，今东棋盘街只存一家，西棋盘街则老长春、新长春、老王记、高升堂等，尚有十余家。每家蓄妓一二十人，列屋而居，鳞次栉比，遇有生客至，则龟奴例呼诸妓移茶，其声清越以长，各妓闻声，恐后争先而出，任客作刘桢之平视，而入花丛者，往往面赤心惊，手足为之无措，此亦海上冶游之别派也。戏绘是图，并仿李白《春夜宴桃李园序》以形容之。

“夫冶游者，嫖客之至乐；幺二者，妓女之别派。而偶然适兴，所费几何？今人都喜移茶，良有以也。况大姐装我以干湿，娘姨敬我以茶烟。喜酬应之圆融，更和调之有趣。群雌献媚，皆为嫱施；滑头喜嫖，独惭石邓。悭囊偶破，笑言遂欢。过三更而留连，费六元而跌倒。不有小货，何能畅怀？如言或虚，罚以双台酒数。”

流氓抢物之凶横

英、法、美三租界流氓之多，殊属骇人听闻。有所谓郑子明羽党者，有所谓三十六个党者，大都愍不畏法，凶横绝伦。他处人之偶来租界者，扇子、眼镜、皮包之类，往往为所攫取。尤凶悍者，褫衣穷搜，持刀逼勒，倘不遂意，性命可虞。而妇女之被攫簪珥者，僻衖小街，尤不可胜计。中西官虽时时拘惩，而若辈终不稍行敛迹，道途荆棘，良可慨焉。爰绘是图，并仿宝塔诗体率题于后，有地方之责者，愿有以惩儆之。

“凶，无赖，精穷，眼睛绿，胡须红，夜吃明月，朝喝西风，手枪腰兜里，短刀靴筒中，夏天歪戴草帽，冬夜斜披斗篷，巡捕房里常主顾，流氓队里大英雄。”（其一）

“横，穷形，极相，良心歪，拳头痒，遇着乡愚，就有进账，我竟要搜搜，倷阿敢强强（读去声）。铜钱大家用得，勿能算啥混账，就是关入外国牢，只当请我勃相相。”（其二）

恶鸨凌虐妓女之惨酷

世间最惨酷无人理者，为狱卒之虐罪囚、恶姑之虐养媳、鸨妇之虐妓女，而三者中以鸨之虐妓为尤残惨。各等妓女中，更以野鸡妓、花烟间妓之被虐为最多而最苦。有半夜后罚跪至天明者，有褫衣用树枝藤条狂殴者，更有用针锥刺入肌肤者。小妮子一入其掌握中，即有求死不得之苦。彼堂高帘远者，何尝知脂粉地狱内有无量数哀鸣宛转之人乎？爰写是图，并拟为判词，聊当口述笔代云耳。

判词：

“勘得该恶鸨，性逾蛇毒，情比狼贪，以所积造孽之赀财，为特别卖淫之营业。蓬门弱质，出贱价以租来；绣阁娇娃，设奸谋而骗到。卖笑之生涯偶淡，无情之酷虐横加。殴之终夜，何堪此缕缕伤痕；跪必通宵，并不许嘤嘤啜泣。凡此凶残之辣手，实无几微之人心。王法有所难容，冥律亦难轻恕。是宜重加惩儆，略示平反。凭我大老官之权衡，平彼小女子之冤愤。比鸡犬而重加宰割，不妨试于减轻刑律之朝；变蝼蚁而罚入轮回，姑准行于破除迷信之日。律由义定，轻重极得其平；言出法随，幽明咸遵其例。此判。”

升平楼野鸡之嘈杂

租界雉妓，向皆聚集于四马路之青莲阁，自去冬青莲阁关闭后，即群集于四海升平楼。六七点钟时，翔集飞鸣，嘈杂至不可耐，而附膻逐臭者，转以此为乐境焉，是亦嗜好之各有不同也。率题七律两首，殊未能形容尽致，聊博一粲云尔。

“晚上升平去吃茶，群鸡粥粥太喧哗。苏头扬脚同称妙，厚粉浓脂且尽搽。圈子狂兜心痒痒，阑干斜靠眼巴巴。有人领略其中趣，转说家花逊野花。”

“一月茶资只两洋，招徕生意闹嚷嚷。打情骂俏偏多趣，强曳横拖也不妨。肥瘦莫将环燕比，往来好似蝶蜂忙。娘姨逼着家中去，干湿今朝必要装。”

老旗昌开厅之豪华

老旗昌以旗昌洋行而得名，地在大马路之北，粤东妓女均聚居于此，从前盛时有十余家，今则只存鸿月楼三家而已。客之设宴，必在正厅，陈饰颇华丽，圆桌面尤巨，足容十三四人，酒菜丰盛而精美，鱼翅、虾仁等菜均仿大餐式，客各一分。上席时，院中乌师另坐一隅，高唱粤调，和以弦索钲鼓，令人震耳欲聋，而胜概豪情即于是寓焉，亦沪上花丛之别派也。因绘为图，并集前人诗句成酒令十四则，以形容各妓之状态焉。

酒令：

“细草春香小洞幽。未破瓜之妓饮。”

“也知柳欲开新眼。将破瓜之妓饮。”

“蓬门今始为君开。初破瓜之妓饮。”

“春潮带雨晚来急。入月之妓饮。”

“人面不知何处去。刘海发过长之妓饮。”

“绣裙斜立更销魂。穿裙之妓饮。”

“数点梅花天地心。面麻之妓饮。”

“楚腰纤细掌中轻。体瘦之妓饮。”

“若非群玉山头见。面黑之妓饮。”

“草色遥看近却无。发稀之妓饮。”

“夜深私语口脂香。口臭之妓饮。”

“鹍鸩数声花渐落。不能吴语之妓饮。”

“桃花依旧笑春风。已嫁复出之妓饮。”

“秋后霜林且强红。艳妆之老妓饮。”

商界接洽官场之体面

上海为商家之势力圈，拥赀数十万数百万者，比比皆是，其气魄之雄、权力之盛，实足自豪于一时。平日出入官场，固无不奉为上客，即或遇勋戚贵臣道经沪渎，抠衣晋谒，亦必受礼遇之隆，其体面有非绅学各界所能望其项背者。兹特绘为《官商接洽图》，并撰骈语尺牍以颂之。

“出身阛阓，言谭八面圆融；则迹搢绅，局面十分阔绰。商界久称领袖，官场忝附衣冠。恭维大商家诸公，名重申江，利操亥市。数十年资格，眼青白而常分；二三品头衔，顶红篮而有耀。开大员欢迎之会，末坐常陪；遇团体组织之场，签名必到。有沈万三之豪富，天子知其盛名；比奚十一之骄奢，宰相与有世谊。凡此殊荣之特别，令人钦佩之不遑。某等素仰鸿名，敬陈骈语。自笑生成穷命，空读亚丹氏《原富》之书；欣看大浚财源，谁传陶朱公致金之诀。谨奉尺素，聊贡寸丹。祗请阔安，伏惟大鉴。”

妓佣追寻漂账客人之踪跄

沪俗以端午、中秋、年夜三节为归账期，而妓院中亦于此数日内，归取和酒局账，客或不往开销，妓必责成男女佣人四处追寻，务获始已。于是一班谚所谓“漂匪”者，此数日内，类俱匿迹销声，不敢公然出现。至每节漂匪之多，向以中秋为最，盖自五月以迄八月，为荷花大少时代之故。戏绘斯图，并代拟信票缉之。阅本报者，决非漂匪一流人，特尤须携示漂匪，恐若辈见而胆丧耳，一笑。

信票：

“头姘顶歹，乐部侍郎，总办淫务处事宜，实授千夫长花，为缉捕事。照得节届中秋，凡向在本处行走，得受本处利益之人，宜如何激发天良，倾囊图报。乃查近来有等漂匪，平日碰和摆酒，居然阔绰非凡，此时蜷尾缩头，竟尔躲藏不见。手巾之洋未给，数月空揩；节盘之赏难图，一元亦吝。而本处茶烟、瓜子样样花钱，稀饭、点心般般耗费，出堂差则有轿金之贴，留夜厢则有元宝之贻。若大少竟属空心，使妓女如何活命。为此合行缉捕，限即日务将该漂匪等迅速获案，听候本处严加讯办，或发小房子监禁，或送剥衣司严惩，以儆刁风而维淫务，毋任漏网，火速切切。”

總會

电车往来之快捷

英、法、美三租界，自前岁通行电车后，虽撞毙人命之事时有所闻，然人以其往来便捷，多喜乘之。各马路中，但见轮捷横飞，火星四迸，行驶之速，或小说书描摹神仙之腾云驾雾，庶堪仿佛焉，电之为用亦神矣。戏拟电母与电学博士往来电文二则，聊博阅者一噱云尔。

电母致电学博士电报：

“电学博士尊鉴：老妇向佐雷公施霹雳之威，普光明之照，神权高握，从无人敢侵我自由。乃自阁下发明电学有种种之功用，于是制电车以捷往来，立电线以神消息，设电箱以治疾病，其他各种制造，亦无不借电力为运动之机。谈科学者，遂谓二十世纪将由机器世界进而为电学世界。老妇何辜，何堪无夜无明，为全地球人类效驰驱之用，且雨师、风伯皆列职天曹，优游自在，不闻阁下有术以驱使之，独欺老妇年迈女流，横加驱策。文明国人，常以自由平等为口头禅，而独施之于老妇者，一反其平日之所言，毋乃太无恕道乎。谨呈数语，借鸣不平，区区之诚，维希谅察。电母启。寒。”

电学博士复电母电：

“电母鉴：寒电读悉。世界进化，神道退处无权，此天演之公理也。况电学经仆发明，而全世界人类始知母具非常伟大之能力，昔人谓万物以见用于人为贵，母之得以爱科学家之欢迎，享世界上之荣誉者，仆实与有力焉。至于沙漠之地，借机器以致雨；炎暑之天，用轮轴以鼓风。小试其端，未尝无效。他日科学日见精进，要知更无驾驭日月、驱策风霆之手段，以继其后也？聊抒鄙臆，毋再不平，幸甚。电学博士敬复。删。”

大菜间请客之热闹

环福州路一带之大餐馆，多至数十家，局面之阔大，以一品香、一枝香、旅泰等为最，而烹调精美，则一家春、岭南楼可首屈一指焉。各省人士之至沪者，往往不喜中国菜而喜大餐，故各大菜馆之生意，皆非常兴盛。抑中扬西，亦吾国人好尚变迁之一端也。兹仿时文体作后二比以形容之，阅者哂予为科举时代至腐败之人物，不敢辞也。

“请客而上太和之馆，红灯高挂，局面非不堂皇，而一较之大餐间之排场，其雅俗已迥不相同矣。铺台单之洁净，花草增妍；看壁画之鲜明，禽鱼欲活。新藤椅坐来适意，何致背痛腰酸，而风扇之招凉，电灯之焕彩，犹其小焉者也，而安得不引人入胜哉。”

“携宾而登大庆之楼，白炙纷来，滋味非不鲜美，而一较之大餐馆之酒菜，其新旧已大相悬殊矣。鱼虾汤格外鲜腴，加以胡椒之辣；猪牛排非常松脆，佐以番薯之甜。勃兰地小饮开怀，只觉心清神爽，而加非茶之解渴，锡加烟之消闲，犹其后焉者也，而安得不令我怡情哉。”

文明结婚之简便

自欧化东渐，一般新学界人，每崇尚自由婚姻，摒除中国旧时婚礼之繁。沪上素号开通，凡所谓文明结婚者，又数见不鲜。记者曾于西门西园见之，礼法简易，举止朴俭，男女来宾均以信词校歌相祝贺，较之鼓乐喧哗、俗尚奢侈者，其繁简实不可以道计也。爰绘是图，并仿云南昆明湖大观楼长联，以兴发世之缔文明婚约者。

“五千年古俗，昉于周婆，纳采问名，乱纷纷许多旧法，笑诗咏弋凫，传称反马，记详奠雁，史重担羊，六礼须遵，大媒翁险乎忙煞，迨堂前合卺，听吉语鼓乐喧阗，更房内开筵，讲谑言声音嘈杂，只赢得三杯清酒，一袋水烟，数块花糕，几包喜果；四百兆同胞，染来欧化，删繁就简，光秃秃两个新人，忆自由握手，起点接唇，进步抱腰，极端换影，双方既洽，绍介者何等现成，况琴韵清扬，唱校歌只须同学，且证书互递，读颂词仅有男宾，祝从此热力增加，精神膨胀，爱情固结，团体坚凝。”

西人救火会之勇猛

上海人烟稠密，火灾之多，为他处所仅见。然救火会西人一闻警钟，即整队驱车而往，风驰电掣，迅捷非凡，赴救之勇，几于奋不顾身。故火势虽猛，终不难顷刻救息，亦足见西人做事之勇往也。爰仿汉高帝《大风歌》体，作歌四章以美之。

“大火起兮烟尘扬，焰飞天半兮腾红光，安得波涛兮倾长江。”（其一）

“大火炎兮钟声鸣，狂鲸怒吼兮群相惊，安得神龙兮驱雷軿。”（其二）

“大火炽兮声喧豗，铜冠峨峨兮车奔雷，战退祝融兮驱吴回。”（其三）

“大火息兮雨滂沱，狂澜滔滔兮泻银河，六街凯旋兮齐高歌。”（其四）

妓女奔入济良所之慌张

济良所为西国女士所创设，总所在美租界北浙江路华兴坊口，分所在英租界四马路源来当东首，凡妓女之不愿为娼者，均准投入所中，养之教之，章程极为完密。盖自上海有济良所，而恶鸨虐妓之风，因之稍葺，造福于小女子者，功德实非浅鲜。惟投所之妓，果系被鸨酷虐，不得已而出此者，诚居多数，然其间因负欠过多，无可偿措，借此为赧王避债之台，不旋踵而又不肯安居所中，百端吵闹以求出外者，亦未始无其人也。爰撰箴词，为正式之规戒焉。

"天地生人，本无贱良。自幼不幸，流而为娼。乞怜献媚，舞席歌场。逼迫可悯，鞭笞可伤。堕此惨境，谁具侠肠。幸有西人，义侠慈祥。存心救济，拔诸火坑。以养以教，章程精详。年满择配，夫妇偕臧。持家须俭，骄奢宜防。守身须慎，淫佚有妨。在昔红玉，嫁韩蕲王。桴鼓助战，百世流芳。明季校书，亦有李香。能识侯生，至今名彰。贵贱无定，污洁何常。守此箴词，彤管有光。"

挂名洋商收房租人之严厉

租界房屋，大都为洋人之产，即系华人产业，亦必倩洋商出名，高悬洋旗。其收房租也，向以月底为归束，收租人到时，立即付给，不得稍有拖延，苟非然者，或唤巡捕钉门，或扭捕房追办，风行雷厉，更急于官家之赋税焉。爰绘《收房租图》，而戏代收租人拟六言韵，示缀于后。

“洋人造成房屋，租与你们居住。妻儿合家搬来，岂不团圆有趣。小租理应多加，挖费莫嫌太巨。偶然屋顶渗漏，可以塞些破絮。倘有门窗欹斜，破木亦可支拄。休要嫌歹道好，譬如没有住处。房租必须早交，拖延实难轻恕。如敢借词延宕，钉门莫怪忽遽。若然为数稍多，还要捕房里去。区区言出令行，问汝可敢抗拒。”

文明雅集围棋之雅致

从前城内城隍庙之四美轩、英租界之西园，均设棋会，有橘中癖者，时于此荟萃焉。自二马路大新街开设文明雅集，而研究弈趣者，多舍彼而就此。七碗初酣，一枰静对，软红十大中，于此得少佳趣，未始非茶寮之韵事也。爰绘《茗楼对弈图》，并题五律二首于后。

“茗肆文明尚，新名说改良。房栊多曲折，花木自芬芳。雅趣茶余领，仙机橘内藏。松枰相对处，楼外已斜阳。”

“雅极翻疑俗，闲多转觉忙。心悬鸿鹄至，目送燕莺狂。黑白争何急，苍黄劫互防。晚来余兴在，射虎更何妨。”

泥城桥外看马戏之兴会

大马路泥城桥外有旷地焉，围以芦席，覆以大布篷，夜间电灯通明，西乐声洋洋盈耳，盖西人演马戏处也。马戏者，戏之总名，其中若狮若象若虎豹，均能作种种戏法，以至猛之兽，而西人能狎而玩之，其技可谓神矣。佐以各种游戏术，如顶灯、抛球之类，心灵手敏，亦均可观。记者阅此戏，有感于狮虎之威猛，而一失其势，遂为人所轻侮，因绘为图，而仿《获麟解》以讽焉。

《弄狮解》(仿《获麟解》)：

“狮之为状，至猛也，见于画，肖于玩物，杂出于各种小说之书，虽妇人小子，皆知其为威也。然狮之为物，不畜于家，不恒见于上海。其为形也甚异，非若猫狗猪羊牛马驴子然。然则虽有狮，不可知其为狮也。懒者，吾知其为猫；狂者，吾知其为狗猪羊牛马驴子。惟狮也，不可知，不可知则其谓之甚奇也，亦宜。维然狮之出，必有西人在其旁，狮为西人戏也，西人其能弄狮，狮之果无足为奇也。又曰，狮之所以为狮者，忽睡亦忽醒，若狮之勇，足却西人，则谓之甚奇也，亦宜。”

蚁媒贩买人口之刁恶

沪上蚁媒之多，不可胜计，凡妓院之雏姬、公馆之幼婢，以及粤东之奴仆，大半皆由蚁媒自他处贩来。其踪迹极诡秘，其手段极凶狡，人家子女一堕其术中，即无珠还之望。离人骨肉，拆人婚姻，种种罪恶，诚罄竹难书也。地方官虽间有访惩，然漏网者居十之七八。爰忿而作《讨蚁檄》，聊以口舌为诛伐云耳。

“盖闻救蚁中状元之选，梦蚁联驸马之姻。君臣大义，蜂王逊其森严；战阵雄威，蛙帅无此勇猛。渺兹微豸，亦其灵机，故能为文人所赞扬，入稗官之记载。洎乎后嗣，遽入下流，蜂虿之毒潜滋，螟蛉之生不颠。逞溃堤之狡智，水溢难防；施蛀屋之奸谋，厦倾可虑。犹复贪心不足，刁计潜施，结来狗党狐群，惯作蜂媒蝶使。婴儿可悯，竟被诱入蚁巢；弱燕堪怜，不惜布来蛛网。毒几同于虺蜴，害更甚于蠹鱼。是用大张声威，严加剿灭。捣成蚁酱，应须铁杵千槌；灭去蚁巢，只借沸汤一勺。永绝青蝇之污点，并除白鸽之狡谋。兵机所及，谁敢抗虎豹之声威；劫运同遭，安能保蝼蚁之性命。此檄。”

妓院砍斧头之重叠

妓院中流行语有所谓“砍斧头”者，文言之即婪索之意。狎客涉足欢场，果能流水行云，一无沾滞，妓家虽贪狡，亦不能遽肆要求。倘心猿未定，竟思真个消魂，则衣服首饰以及种种游戏之事，纷至叠来，任情要索，有不餍其欲而不止者。此亦青楼中常态，要非阅历已深，不易得此中曲折也。兹绘为图，并仿乐府《丁娘十索歌》，为世之沉溺于妓寮警焉。

“妾貌惭施嫱，郎美胜卫玠。两两结同心，从郎索钻戒。”（钻戒）

“朝出零露稀，夜归皓月皎。时计易差迟，从郎索金表。”（金表）

“纤手如柔荑，柔荑任郎握。何以表爱情，从郎索翠镯。”（翠镯）

“短发轻云覆，斜鬓薄雾遮。膏沐为谁施，从郎索珠花。”（珠花）

“绸缪匪朝夕，瘦损旧腰围。欲知妾情意，从郎索新衣。”（新衣）

“西域葡萄酒，饮之以合欢。醉乡即柔乡，从郎索大餐。”（大餐）

“沉沉百叶窗，窗虚掩薄纱。于焉欢情洽，从郎索马车。”（马车）

“绣帷隐蛱蝶，锦褥眠鸳鸯。良宵好风月，从郎索铁床。”（铁床）

“织女嫁牵牛，聘钱未能少。觇郎爱恋心，从郎索钞票。”（钞票）

“两心既欢洽，百年誓团圆。记取团圆意，从郎索洋钱。”（洋钱）

赌棍骗人赀财之可怕

上海有一种赌棍，举止阔绰，衣履豪奢，骤然遇之，几疑为上流人物，而不知其以赌骗人，奸伪百出，实令人防不胜防，非特谨愿者堕其术中，即深于阅历者，亦不免为其所愚弄。世途荆棘，良可畏哉。兹绘其聚赌情形，而设问以发其覆焉。

《策问》：

“问博弈犹贤，垂之圣训。汉时诸侯王，往往有因博夺爵者，可知人情好博，自古已然。至骨骰起自唐朝，牙牌兴于宋代，赌之流派，尤为繁已。明太祖得天下，严定禁赌之律，犯者斩手刖足之重刑，而仍不能根株尽绝，岂非弊俗所染，虽英主亦有时穷于术欤。本朝以来，赌风向未衰息，惟闻之故老，从前所赌者，非摇摊，即牌九，否则铜旗花湖，亦间有以之消遣者。至近数十年，无论富贵贫贱、男女老少，皆从事于叉麻雀，而向之所谓铜旗花湖等牌，竟若有若无，渐归于天然淘汰之列，麻雀之势焰竟盛至如此，果具何等魔力，而足以倾动一世欤。麻雀牌有中发白铜索万等名目，其取义果有可疏解欤。斗麻雀者，闻其中弊窦甚多，有所谓‘捞浮尸’‘插角脱’‘梁换柱’‘移星换斗’‘套龙头’‘弹风琴’等诸法，凡曾身受其害者，能详言其弊之所在欤。方今朝廷赌禁森严，吾国民于赌之积弊，谅必闻之有素，其各谨防毋忽。”

小车夫劳动之可怜

沪上各行店之货物，各住家之器具，凡属笨重非常者，均以小车载之，其费力较之他项车子为甚，而得赀则独少。故凡充小车夫者，终日喘汗奔驰，仅足以谋一饱，室家之养，殊未遑也，且冬季之寒风，夏天之烈日，侵肌砭骨，疾病堪虞，其情形有至可怜悯者。兹绘为图，并代拟《上自由神禀》词，以一抒不平之气焉。

《上自由神禀》：

“禀为不平则鸣，呈求鉴核事。窃闻自欧化东渐，自由平等之说，喧腾于社会，吾国新学界亦极力提倡之，可知人类之尚自由，世界之重平等，固天演之公理，亦人情所必争也。况乎均富之说，早创于亚丹；并耕之言，曾传于许子。中西学者，用意从同，一有偏枯，必生怨望，此尤事势之必然者也。伏念某等戴高履厚，同为立宪国民，宜乎人世间之富丽纷华，不难沾同等之利益，而乃命之不犹，夭乎此酷，安逸远不及猫狗，劳瘁更甚于马牛，剧怜终岁奔波，曾无一朝休息，而世之蝇营富室，蚁附权门者，并无负重之材，转享安闲之乐，苍苍者何其蒙憧，赫赫者故作痴呆，岂真愚贱之可欺，未免情理之难恕。为敢合词具禀自由神台前，尚望鉴填海之苦衷，施回天之大力，恕乎惟恕，合富贵贫贱而共冶一炉，平其不平，舍法律纪纲而别有千古。临禀不胜悚惶待命之至。谨禀。”

冒名善堂劝捐之无赖

上海热心志士，办理善举，素称踊跃，凡各省水旱偏灾，以及常年施医施粥施药等事，无不尽心劝募，以己溺己饥为宗旨，此其办事之认真，固已合上下社会而公认矣。然人心奸诈百出，竟有无赖之徒，影戳善堂，借公益之名，持捐册向各处募捐者，名为义举，实则骗到捐赀，无非修若辈五脏殿耳。兹绘为图，并戏代拟一捐启，禹鼎铸奸，温犀烛怪，见者幸勿讥为魏收之轻薄也。

《募捐五脏殿启》：

“窃闻灵台之下，华盖之旁，向有五脏殿一所。殿中有神主之，从前规模颇为宏敞，酒池环于外，肉林绕于前，米山耸于左右，四方人士之瞻仰此殿者，上自牙关，下达谷道，中经咽喉要津，憧憧往来，日必三四至，故能庙貌丰腴，神采焕发。嗣因失于将护，被饥火暗中焚烧，致全殿大半毁坏，殿后剩有菜园，又于某日为羊群前来踏破，神灵至此，血食斩绝，几同馁而之。若敖某等托庇神宇，本有至密切之关系，若任其香火衰微，酒浆缺乏，何以昭来享而慰己饥。为敢吁求海内外诸大善士，抒解衣推食之忱，廑发粟散财之愿，源源接济，俾米仓重建，粥厂宏开，殿宇借以重新，藏府不虞匮乏，神兮有灵，造福于诸善士者，当非浅鲜也。肃此布陈，伏惟善鉴。发起人没廉耻、勠面孔、饿煞鬼等同启。”

趙公館
王公館
同和字號

看香头邪术之骗人

沪上有所谓看香头者，皆妇女之奸狡者为之。居民或患疾病，其眷属往往喜延若辈至家，问以病之吉凶，并详叩禳解之法，于是若辈胡言乱语，肆其狡谋，女流信以为真，但事求媚鬼神，而不为病人医治，因之病日加剧，而性命卒不能保全，社会之暗被其毒，有非常剧烈者。兹绘此图以警世，并用白话演说以破除迷信焉。

"诸君可知道，社会上有一种最为害人的事，是说么呢？就是看香头的妇女。人家生了病，应该请有本事的医生好好医治，或者静养静养，一切起居饮食上留心些，那病就渐渐好起来了。谁知有一种无知无识的女流，不替病人治病，反花许多钱，去招那看香头的妇女。这等人一到家中，装模作样，乱语胡言，有的说是陈三太太附身，有的说是五圣老爷来讨供献，随口瞎说。奶奶太太们听了，便信以为真，将病人搁在一边，不去理他，专门去求神祷鬼，费了钱财不算，病人的病反从此耽误了。你想看香头的妇女可恶不可恶。在下因想起有一个故事：松江地方从前有一个看香头的女人，生意甚好，家中很挣了几个钱。忽一天，有个著名的讼师，装作生起重病来，央个邻居去招那个看香头的女人到家，一进房门，就听见病人喃喃地说道：'你丢我好苦呀，我那一夜不想着你的恩爱呀。'看香头的一听，咦，这不是想念他死的女人么。连忙坐下来，打了几个呵欠，鼻涕眼泪地说道：'我的亲夫呀。'话未说完，床上躺的病人忽然跳起来，连腰抱住道：'我的爱妻呀。'旁边看的都哈哈大笑起来，看香头的知道上了当，要想出去，房门已经关闭。后来旁边人做好做歹，不知看香头的如何设法，然后放他出门。诸君想想，照此说来，看香头的究竟有什么本事，那说话靠得往靠不住，也就可想而知了。"

山西佬放妓院印子钱之刻薄

上海野鸡妓院及花烟间，多有向山西人借印子钱者。其规例，如借洋钱十元，先扣四角，名为鞋袜钱，自借之后，每五日还洋一元，计两月本利还毕，需洋十二元，亦有借一二元，逐日还钱数十文者。放印钱之山西人，立一小手摺，上书借户名字，下列应还日期，到期向债户照收，收到后印一收字于上，倘无以应，则逼索情形非常强悍。故妓女不得已借印子钱，必受无穷之累。兹图其凶悍之状，并戏为立一借券，为若辈写照焉。

“立抵借据孽海花为因不正用，特将自己祖遗无缺之身体一个，向印府抵借到英洋一大元，言明按日二钱起息，夜间免利，自借之后，逐日照付，不敢迟延。倘不如期清偿，听凭强逼辱骂，甚或打毁家具，搬移物件，均不敢稍有抗拒。万一今生今世不能还清，到阴司地狱后，即以所得纸锭白纸奉还。恐后无凭，立此抵借据为证。大清宣统皇帝万万年，立借据孽海花押。”

洋行街撒尿菩萨香市之污秽

小东门外洋行街弄内有一小庙，高不逾二尺，沪人咸以撒尿菩萨呼之，盖庙旁即行人小便处也。每月朔望之前一夜，凡妓女之生涯冷淡者，均持香诣庙焚烧，冀邀神佑。相传神生前为一大嫖客，当沪上初通商时，洋行街一带青楼栉比，客故拥厚赀，不吝挥霍，且面貌姣好，性情温婉，颇得曲中诸姊妹欢心，既而金尽床头，竟以身殉，诸妓感其情好，不能忘怀，于是立一小庙，以妥其灵。其托名为菩萨者，亦花蕊夫人在赵家宫里祀张仙意也。今年代久远，妓家都不知神之所自始，但谓爇一瓣心香，神即佑其卖淫业之兴盛而已。兹绘《妓女烧香图》，偶忆褚氏《坚瓠集》载有妓院祝献文一通，颇足发噱，特点缀其词，即为若辈写照焉。

"伏以香焚宝鼎，烛插银缸，奉请勾栏土地、教坊大王、烟花使者、脂粉姑娘。弟子生长申江之上，侨居沪渎之旁，买良为贱，倚门作娼，无奈生涯冷淡，财运不昌，特爇心香一瓣，常愿如意吉祥。大姑常接有钱嫖客，二姐广招多钞财郎，三姐房中时时舞弄狮子，四姐床上夜夜捉对鸳鸯，五姐忙兜兜迎新送旧，六姐急忽忽脱袴宽裳，七姐交通商界，八姐结纳官场，九姐愿得富翁梳栊，十姐只求财主成双，还有秋菊、春梅，常接个帮闲落剩之客，走动张三李四，频烧些净脚洗手之汤。合家利市，永保安康。谨疏。"

台基引诱妇女之隐秘

十余年前上海最著名之开台基者，松江老太婆，自经公堂严办，其风稍息，然阅时未久，故态又萌。人家妇女一经诱入台基，以后即有所挟持，身不能自主，因此堕名丧节者，不知凡几。若辈地方极为秘密，且必有探伙流氓等为之得规包庇，故中西官访拿颇为不易。闻租界各处之开设台基者，其数不下数百家，可谓盛矣。兹为拟《密札妇女上台基文》，以为讽云。

“为密札事。照得该妇前曾面称以寂寞孤衾，不甘独宿，且胭脂花粉，在在需钱，经济亦甚困乏，恳请量予试用，发交台站差遣等情，当即面加考察。该妇姿态风骚，性情流动，堪充外交之选，因即发交阳台当差数次，黾勉从公，尚无贻误，曾由本台主优加奖励，并予注册，如有缺出，听候尽先委用，以示奖勉。兹据守台人役报告，近日该台出有重要差使，亟须妥为交涉，禀请拣发外交能员，速往办理等语。查两方面交涉，为今日最重要之事，该妇奋勇于前，自不致规避于后，为特予密札饬，札到，该妇迅速赴台，照约办理，勉竭股肱之力，勿贻退缩之讥，以副本台主殷殷期望之至意，毋违切切。特札。”

春風放膽來梳柳

星相骗人之荒唐

方今民智渐开，迷信之事，应逐渐减少，而沪上一隅地，相面、算命、起课、拆字之流，到处充斥，其中以英大马路之吴鉴光生意最盛，而骗人之术亦最工。过其门者，时见男女杂遝，僧道喧哗，捣鬼弄神，大可发噱。此外，如虹庙、城隍庙等处，皆为星相士等荟萃之所。沪渎素号开通，而能容若辈如许之众，亦可见人民之程度矣。因仿《易经》作《骗卦》，以声其罪焉。

“骗亨，初吉终凶，利见愚人，不利见智士。《彖》曰：骗，天下大而其情同也。故亨，初吉，入于玄也，终凶，骗不可久也。利见愚人，多迷信也，不利见智士，识其妄也。《象》曰：天下滔滔，骗小人以欺社会。初六，入门有喜，笑言哑哑。《象》曰：入门有喜，利有攸往也。六二，骗妇人无咎。《象》曰：妇女自甘受骗，又谁咎也。六三，探其微，或测其机。《象》曰：探其微，恬以言也，或测其机，言偶中也。九四，饰言如簧，以娱彼心，乃获南金。《象》曰：饰言获金，相率为伪也。六五，屡用骗，包羞。《象》曰：以骗欺世，宜其羞也。上九，民智大开，行骗有悔。《象》曰：民智开，天下昌也，骗有悔，小人不可长也。”

妇女听书之自由

上海有操柳敬亭之术者，弹三弦，说《描金凤》《珍珠塔》等各种小书，谈笑风生，诙谐百出。八九点钟以后，座客联袂而来，啜茗静听，借资消遣。书场另有女座，凡小家荡妇，富室娇娃，公馆之宠姬，妓寮之雏婢，莫不靓妆艳服，按时而临。听至解颐处，一笑回头，眼波四射，浮浪之子于此色授魂与，若别有会心焉。此种书场，英界三四马路之间所在多有，最著名者为飞丹阁、留春园、乐琴轩、一言楼、明园等数家。兹赋《竹枝词》四章，略写此中之风景云尔。

“象篦高卷髻云松，一朵鲜花艳缀胸。相约留春园里去，包车推挽疾如风。”

“入门弦索正锹铮，马调开篇韵未停。闻说今宵关白妙，新书已换玉蜻蜓。”

“偶与消闲携小食，相将解渴赖清茶。有时听到忘情处，四座春生笑语哗。”

“书完犹自味津津，唤姊呼姨意倍亲。携手匆匆下楼去，点心同吃四如春。”

女客坐

戏园观剧吊膀子之无耻

妇女与优伶在戏园中，目挑眉语，互相勾引，俗谓之“吊膀子”，淫秽无耻，莫此为尤。沪上发现此事之最早者为杨月楼，即杨猴子，经地方官严惩，此风稍息。近十余年来，又有霍春祥、郭蝶仙、高彩云、丁灵芝、李春来等诸案，报章记其事迹，里巷编为歌谣，风俗之坏，实可为长太息矣。近者某伶之见弃于新舞台，闻其端亦因与已故某星使之妾交涉而起，虽事关暗昧，未悉内容，然官场套语所谓“事出有因，查无实据”者，当亦可为此事定评也。偶集《尚书》句作《夏诰》，以寄讽焉。

《夏诰》：

“小子胡（借作和），既往背师保之训，作奇技淫巧以悦妇人，惟耽乐之从，朋淫于家，十旬弗返。迪维有夏，若曰：尔维和哉，惟尔率德改行，无戏忌，无俾世迷，无起秽以自臭，继自今，敢有殉于货色，以自灾于厥身，挞以记之，自作孽，不可活，汝无面从敬哉。在今予小子旦，人乃训之，颜厚有忸怩，此厥不听。呜呼，休兹离逖尔土。”

花烟间土娼之恶状

沪北为烟花薮，而花烟间土娼之多，以法界小东门外及兰若里、英界洋泾浜等处最多。每晚浓涂脂粉，倚立门前，招徕狎客，若不自知其嫫母、无盐之丑者，甚至晨光熹微，无客者犹彳亍门外，未遑入室，瞥睹有人经过，硬拽强拖，罗刹国欤，夜叉城欤，其恶状有不可以笔墨形容者。姑绘此图，并戏仿《扬州五更调》以调之。

《扬州五更调》：

“一更里来立门前，没有得客来呀，心上急煎煎，巴不得有个人来过，拉他的进内呀，请他抽筒烟。二更里来闹嚷嚷，涂脂的抹粉呀倚门旁，门前烧张利市纸，烧烧的利市呀，可有人进房。三更里来散戏馆，戏馆的散完呀，仍旧没人来，门前唱支山歌罢，辣块的声音呀，听了真倒霉。四更里来路人稀，越稀的越急呀，越是老面皮，有人走过忙拉住，一把的拖牢呀，恶状真稀奇。五更里来东方亮，拉拉的扯扯呀，直到大天光，老虫一夜无人跳，气煞了乌龟呀，急煞老鸨娘。”

妓院阿姐与恩客借小房子之窝心

沪上各妓院侍儿，凡谚所谓时髦阿姐者，其人必有恩客，惟在院中耳目不便，故每与恩客另行借屋，为幽欢密约之所，个中人谓之借小房子。此风迩来日盛一日，虽所借之小房子，或有不止一客，且或前客甫断，后客继之者，而当其乍借之时，无不窝心特甚。戏作是图，并仿《东乡调》，以状大略。

《东乡调》：

“东方月出照纱窗，阿姐帮完堂子里忙，想爹娘生下我来何必成婚配，乐得拣一个知心着意郎。今朝头，共把房来借，覅啥格媒人拜啥堂，房间收拾多精致，外国格家生外国格床，着衣镜子挂一面，电气灯儿耀眼光，簇新被褥鸳鸯枕，五彩绒毯铺一方。两家头，交头喁喁睡，格种能窝心乐胸膛。就算是，古语人无千日好，姘头嚎，后来分拆也无妨，今朝姓李将房借，缓日何难换姓了张。况且是，一朵鲜花可晓人人爱，你也香来我也要香，暗中尚有人来往，奴这朵鲜花岂采一个郎。阿姐想到心开处……”（未完）

野鸳鸯借名文明结婚之可笑

沪上淫风流行，有心世道者，固蠹焉伤之。而近有一种痴男怨女，于私自结识后，虑野鸳鸯之为人笑骂也，因假文明结婚之例，公然邀请亲友，择期结婚，以自托于文明之列。不知暗中更有遭人笑骂者，且“文明结婚”四字，几为若辈玷污殆尽。爰作是图，为若辈儆，并代拟婚书一通以羞之。若辈见之，其亦汗颜无地乎。

婚书：

“立婚书（贾文明，甄冶鸳）：今因情投意合，愿谐百年之好。未赓奠雁，先许骑鸾。畏饶舌之丰干，笑失身之贾午。爰假文明新例，尽翻嫁娶旧仪。当众结婚，男冰清而女玉洁；背人同梦，胎已结而子将生。幸此后双飞双宿，竟成一对夫妻；喜今朝有证有凭，可遮两家颜面。合书婚据，共表爱情，各自执存，永勿背弃。□年□月□日立婚书，贾文明，甄冶鸳。证人：胡礼，胡图。”

萃秀堂登高之兴会

自桓景九日避灾，为登高之举，后人效之，每值重阳佳节，纷纷挈伴登高。此风不特沪上为然，各处亦何莫不然，惟沪地无山，故俱以邑庙豫园萃秀堂之大假山为登临地，可谓聊胜于无。是日自朝至于日中昃，游人之攀援而上者，兴会淋漓，络绎不绝。爰作《重九登高图》，并占五绝四首以志之。

“避灾过重九，韵事留传久。海上欲登高，龙山何处有。”

“名园叠假山，山色虚无间。登临发长啸，日暮人未还。”

“五步一危崖，十步一峭壁。人巧夺天工，幽境闲寻觅。”

“行行复行行，倏已跻山顶。倘携菊酒来，何妨歌酩酊。”

虹口赌台拉客之缠扰

沪北租界一带，赌禁之严，甲于他处，捕房凡获赌徒到案，无不送廨严加惩罚，以是赌徒畏惧，不敢以身试法。惟外虹口一带，华界与租界接壤之处，时有赌匪设台聚赌，输赢甚巨，最为地方之害。虽中西官不时查禁，无如此拿彼窜，终觉难绝根株。且尤可恶者，各赌台雇用无赖，沿途诱拉赌客，客或不去，缠扰不已，若辈谓之为“拉排头”。被拉之人，堕其术中，类皆倾囊倒箧始已，甚至有越日挟金复往，希图翻本，不意愈赌愈负，竟有身家性命之忧者。此而不发其奸，曷以唤醒社会。爰作《虹口赌台拉客图》，并撰《新三字经》一篇，愿阅报者口诵心惟，共知警惕焉。

《新三字经》：

“人之初，谁爱赌。苟贪财，遂贻误。上海滩，有赌台。外虹口，为祸魁。巡捕房，严禁令。租界上，捉干净。各赌徒，狡狯多。迁华界，隔条河。华界拿，过河避。租界拿，回原地。赌窟巨，赌害深。与赌者，密如林。各捕徒，犹不足。雇无赖，执赌役。守街口，立桥边。见客过，纠赌钱。客不去，扰不已。客被惑，心乃喜。至赌场，客受殃。身上钱，包输光。场中人，呵呵笑。要翻本，明日到。到明日，那得藏。赌一次，输一番。家渐倾，命可虑。拉排头，杀难恕。本画报，绘此图。告同胞，大声呼。遇赌棍，各拒绝。戒之哉，宜勉力。”

斗蟋蟀违禁之宜惩

沪俗每届秋冬之交，有种赌徒，开设斗蟋蟀场，狂斗蟋蟀，输赢颇巨，而场中之牵草者，更弊端百出，难以言喻。官长虽严申禁令，无如若辈视若弁髦，亦有移设乡间，为官宪耳目所不及者。现将蟋蟀开牙，正各赌徒设立册场之际，爰绘是图，并戏集虫名作谕以讨之。

《集虫名谕》：

“蜗牛国蠛蠓府蟭蟟县正堂，微生为谕禁事。照得蟋蟀一物，一名促织，如叫哥哥、纺织娘、螂儿、螂蛉、啼螿、啼蛩等之应候而鸣，岂蚁斗逞雄之物。乃查有等蜂狂赌徒，巧赁蛸蟏之户，诱争蜣螂之城，谋尔蚨飞，供彼蚕食。被诱者如蛾之扑火、蝶之恋花，殊属受蛊已深，驱蚊难散。而牵草者复肆其蝎毒之手，致凡蚱蜢、蜈蚣、蜻蜓、蜒蚰等所变之种种好虫，亦必如蝇虎食蝇，蝇必被伤于蝇虎之口。为此严谕干役斑蝥鞠通知悉，火速会同地保地鳖虫、地蛀虫严拿，并饬侦探飞蝗队随护，以防螳臂之当。庶几蟊贼尽去，民蠹斯除，以靖虿毒而清蝻孽。此谕。”

公堂拆姘头案之龌龊

沪俗淫风流行，凡男女之私相爱悦者，谚称“姘头”，忽轧忽拆，时有所闻，毫不知耻。所最奇者，此种拆姘龌龊之事，胆敢呈控公堂，请官判断，每月必有数起，甚或十数起、数十起之多，实为政界之羞、风俗之害。因作是图，并仿《邋遢婆娘调》作《新邋遢赋》，阅者见之，得勿笑丰干之饶舌欤，呵呵。

《新邋遢赋》：

“上海世界乌糟糟，男女面孔真勿要。姘头勿得知轧子多多少，假夫妻算得俚哚真会俏。闸生头里勿合意，公堂上去拿状来告，叫啥就是搭倷勿要好。打官司，邋邋遢遢说一泡。老爷升堂坐，原被告一齐到。问问口供实在真蹊跷，叫啥姘头本来勿能够同到老，求老爷拆开我伲勿番淘。老爷听见子，倒有点暗好笑。格种男女真正一样勿入调，当初为啥拿格膀子得来吊，今朝头那哼拿唔哚断开交。骂一声忘八蛋，才勿是好路道，阿要办办倍哚一淘坐监牢，禁戒禁戒唔哚下一遭。拆姘头，龌龌龊龊敢到公堂告。原告磕头求，被告忙讨饶，老爷勿要实概火来冒，格种案子一年到头要几化，开恩罢断开我伲免得气来讨。老爷呒设法，将头摇几摇，只好拆开俚哚尽俚哚去搅，当堂拿格案子得来销，喊声滚蛋罢，下转勿要再拿啥格煤来倒。”

病家送羹饭之迷信

沪俗有等无意识之人，倘遇家人疾病，并不延医调治，惟酷信巫觋之言，谓有阴人或阴兵野鬼等求食作祟，于是祀以酒醴，焚以纸钱，及草船、芦筷、冥衣、冥箱等物，送诸远方，谚语谓之曰“送羹饭”，相沿已久。近虽世界日进文明，而此风卒未革绝，抑知徒耗金钱，实与病者无益，有令通人齿冷者。作《送羹饭迷信图》，并戏拟路引一道以送之。

路引：

“大力鬼王，为给发路引事。照得自阮瞻作《无鬼论》，而我辈鬼族，几共入于无何有之乡。乃近有东方病夫，领祟鬼国，于是我辈复生，气焰乃炽。今据该病夫恳祈前来，谓知鬼犹求食，既以牲醴酬献，并愿酌奉衣服冥资等物，求请发给路引，俾得尔辈远去他方。为此准词，合急发给路引一道，尔辈执此，无论男鬼女鬼、老鬼小鬼、新鬼故鬼、冤鬼怨鬼、强鬼恶鬼、色鬼赌鬼、酒鬼烟鬼、冒失鬼、促狭鬼、替死鬼、讨命鬼、溜打鬼、浪荡鬼等，种种鬼魂，俱宜各归鬼穴，共返鬼巢，与尔鬼夫鬼妇、鬼子鬼孙、鬼迷鬼混，打鬼棚，说鬼话，鬼作乐，鬼开心，勿得再在阳世弄鬼，致干鬼谴，所过一切鬼途鬼谷、鬼门关、鬼弄堂，一律凭此路引放行。须至路引者。右给发送一切鬼魂，准此。”

无功名人滥戴滑头翎顶之可怪

沪习穷奢极侈，最多谚语所谓“滑头人物”，而尤可怪者，则为婚丧喜庆场中之翎顶，几于人各有顶，顶各有翎，一若非此不足壮观也者。及至叩其功名，则正途及捐纳者，必仅十之一二，余俱乌有先生一流人物。嘻，翎顶为国家酬庸之具，今滥冒若此，殊属不成事体。缘绘是图，并念若辈戴此翎顶之既无科名，亦无执照也，戏拟奖札一道以锡之，不知若辈亦见而知愧否。

奖札：

“为给奖事。照得天子酬庸，丹诏不褒贫贱；庶人忽显，白屋可出公卿。兹尔甄厚羆、卜效廉等，希荣有志，颇殷恋阙之心，锡爵难求，莫遂登朝之愿。于是恃无作有，欲示耀于乡闾；遂尔辞卑居尊，俨自跻夫绅宦。惟是头衔虽贵，究乏文凭；须知脚底终虚，难书履历。今念尔等趋炎念切，附势功深，免究滥竽，并加奖札。从此无须纳粟，准四品五品之邀荣；行见不必立功，可花翎蓝翎之赏戴。百虚无碍，一札是凭。须至奖札者。右札给甄厚羆、卜效廉等收执。”

洋场才子之假斯文

沪上为人文渊薮，不乏锦心绣口之才，而独有谚所谓“洋场才子”“租界诗人”者，则类皆略识之无，便尔附庸风雅，东涂西抹，毫不知羞，且欣欣然自鸣得意。逮至视其所涂抹者，几乎不令人绝倒，乃叹“狗屁不通”四字，不啻为若辈而发。戏绘斯图，并代洋场才子、租界诗人成《联句放屁诗》一首，彰厥盛名。我知方家笑读之余，必当连拊羯鼓以解秽也，哈哈。

《联句放屁诗》：

“此屁何人放，连珠数不清。木樨香馥馥（才子），花爆裂声声。白马应该拍（诗人），黄狼也着惊。砰然谁答响（才子），老矣欲成精。泄尽斯文气（诗人），频添小旦情。呜呜长笛韵（才子），哋哋小梆声。臀似吟肩耸（诗人），音由夹胯生。蚕丛供客嗅（才子），鸟道少人行。味向裈中辨（诗人），诗从厕上成。我曹联妙句（才子），从此可留名（诗人）。”

男女竞镶金牙齿之时道

自西医发明齿科之学，世之患齿病者，皆受其益，抑且无齿者可镶假齿，仍能咀嚼各物，不啻齿落重生，实为神乎其技。至其所镶之齿，有磁制者，有金制者，金制价较昂贵，最觉灿然可观。于是此风盛行，即平日并非无齿男女，亦有彼此镶嵌二三粒，以为美观者，习俗之移人如是。绘之以见风气所趋，有靡然一轨者，并系以《浣溪沙》词二阕。

《浣溪沙》：

“一粒金牙八只洋。居然男女共镶镶。牙医交运赚钱忙。　弄巧试将瓜子咬。消闲故把纸烟尝。分明要露齿金黄。”

“爱学时髦不算颠。镶些金子嘴唇边。相逢一笑最嫣然。　偶尔开言便得见。倘教啮臂更增妍。这般媚态动人怜。”

滑头客人在妓院海外奇谈之肉麻

沪北各妓院，近多谚所谓“小滑头”一流人，吃酒碰和，殆无虚夕。而究其身操何业，家有何产，则必于妓女前海外奇谈，毫不知耻，一若无破露之日者。此辈滑头客人，逮至节到，无不以一漂了事，大为花丛之害。绘作是图，戏改《神童诗》六首，为若辈颊上添毫，不知阅者见之，或当笑倒否？

《改字神童诗》：

“堂子重捞毛，枪花教尔曹。万般皆不好，惟有滑头高。”

“少小休勤学，欢场可立身。满台和酒客，半是滑头人。”

“学向花间得，嫖经一卷书。牛皮今足用，谁笑室空虚。”

“自小多油滑，平生活拆高。别人怀宝钞，我有舌如刀。”

“朝为蹩脚郎，暮登妓女床。嫖客本无种，滑头当自强。”

“滑乃身之宝，骗为席上珍。君看为漂匪，必是滑头人。”

社会竞戴尖头小帽之奇形

瓜皮小帽之制，虽有软胎、硬胎之分，而其式则向惟圆顶、方顶二种。自北地行一把抓尖顶小帽后，于是沪上尤而效之，近则社会风行，戴者日众。其实状如昆剧中李逵所戴之纱壳帽，其仪态远逊方顶、圆顶之大方，不知善戴者何取乎此。戏作是图，并套杜工部《登楼》诗以嘲之。记者虽不戴此帽，然戚友间度必戴者甚多，幸恕唐突也。

《套杜工部登楼诗》：

“帽近尖头惊客心，万人多戴此邦临。沪江行色争奇锐，都邑方圆变古今。乡老烟毡终不改，伶人纱壳莫相侵。笑看店主装笼盒，日暮聊为把戏吟。”（沪谚有“尖头把戏”之言，故云。）

寓沪西商跑马之豪兴

寓沪各西商，每届春秋佳日，于跑马场有赛马之举，必在星期一、二、三等日，更于星期亦举行跳浜以贾余勇，于游戏中寓尚武精神，非寻常游戏可比。兹数日内，西人咸停止办公半日，无不异常踊跃，其豪兴有足多者。绘作是图，并作《跑马曲》，以志盛举。

《跑马曲》：

“今天跑马了，今天跑马了，大家各把会场儿来到。会场上好热闹，会场上好热闹，耳听得西乐儿声高，眼看着国徽儿影耀。一霎间红旗摇，一霎间铁骑跑，唿喇喇一个圈儿绕，是谁人夺标，是那马最骁，贺赢家各人来脱帽。一天儿跑掉，再跑明后朝，好共把名驹赛儿遭。末天儿更有浜来跳，真个是西商意兴豪，况寓着尚武精神好。”

华人争看西人跑马之无谓

西人春秋赛马，于游戏中寓尚武精神，昨报言之矣。乃华人每届西人赛马，好游者必结队往观，且有簇新其衣服，盛饰其车辆，而与亲戚故旧，或家人及所欢等偕往者，甚至世家大族，亦所不免，是岂不可以已乎。为作此图，并集《千字文》句以寄慨。

《集千字文》：

“白驹食场，骇跃超骧。徘徊瞻眺，悦豫且康。毛施淑姿，并皆佳妙。车驾肥轻，工颦妍笑。世禄侈富，驱毂振缨。逐物意移，亦聚群英。夫唱妇随，造次勿离。矫手顿足，犹子比儿。交友投分，林皋幸即。如松之盛，川流不息。亲戚故旧，戚谢欢招。矩步引领，散虑逍遥。多士实宁，言辞安定。索居闲处，曰严与敬。楼观飞惊，宣威沙漠。省躬讥诫，临深履薄。”

看跑马快马车被捉之罚洋

沪北每届西商赛马之日，一班浮荡少年及妓女等，每喜包赁马车，招摇过市，至跑马场一带，作凭轼之观，归途则令马夫加鞭疾驰，个中人谓之为“出风头”，借以炫耀途人，自鸣得意。巡捕房深虑肇事，一再严拿，解廨惩罚。无如此风卒未能绝，以致跑马三日，马车之被拘者，必屡有所闻。绘作此图，并仿《鲜花调》嘲之，倘能播诸管弦，未始不足触耳警心也。

《仿鲜花调》：

“好一部马车，好一部马车，我唱的马车，快呀快得来真笑话，腾云般的马足，一霎时飞呀飞过了路三叉。好一对车中人，好一对车中人，车中人的打扮，簇呀簇鲜而新，合朝儿的风头，出呀出得来真高兴。好一个马夫，好一个马夫，马夫的胆子，粗呀生得来真好粗，马缰绳的扣紧，追呀追出了马车无其数。好一个巡街捕，好一个巡街捕，拼命地拦牢，怕他来闯祸，嘘咧咧的警笛，吹呀吹得大家来帮助。好一个大老爷，好一个大老爷，大老爷审案，实在的真不差，恼他们的大胆，罚呀罚他洋钱要他怕。好一爿马车行，好一爿马车行，连次的受罚，罚了多少洋，好寻着坐客，一呀一股脑儿同算账。”

小热昏之瞎嚼蛆

沪上有种似说书非说书、似唱曲非唱曲之人，手持竹片二爿，沿街卖唱，俗呼之曰“小热昏”。所唱之句，甚属鄙俚，然亦有劝人戒嫖、戒烟、戒赌、戒酒等歌，于社会或未尝无益。独是若辈人格极贱，故每喜摭拾里巷间一切淫秽之事，编成句调，随意乱唱，如俗所谓“瞎嚼蛆”者，意图多获曲资。此则大为风俗人心之害，有不可不禁者。为作是图，并戏仿其调，以供阅者一笑。

《仿小热昏调》：

“切尺切尺，竹爿拍拍，听小热昏，唱格一只。劝人戒嫖，提醒嫖客，覅进堂子，久后落魄。劝人戒烟，覅吃洋药，家当烧光，透如火着。劝人戒赌，保守田宅，勿要输光，田荒地白。劝人戒酒，酒是毒药，吃醉误事，自家勿觉。格种山歌，有点来脉，多听两声，句句的确。连连牵牵，押遂韵脚，正正气气，呒啥戏谑。不过一样，说哩勿着，碰得勿好，舌头乱嚼。唱只奸情，佳期约约，唱只新闻，姘头拆拆。败俗伤风，赛过淫剧，我若做官，吓俚一吓。拖到就打，耳光一百，问俚下转，阿敢屁撤。”（叶如拆。）

私门头冒称公馆之混账

沪北一隅，房租甚贵，故凡公馆宅堂，必在小弄为多。而一班俗所谓“私门头”者，类俱杂厕其间，且或门口高贴公馆朱条，局面堂皇，排场阔绰，骤睹之，几乎不敢遽入，恐致错认桃源。而真正公馆宅堂，因是大受厥害，每有缘弄中借有此等人家，而急谋迁地为良者。戏绘斯图，并填《十六字令》六阕，以别混充而志真相。

《十六字令》：

“昏。高大房廊石库门。称公馆，贵上是何人？”

“奇。尺许朱条贴得齐。无籍贯，只把姓来题。”

“呀。红木家生摆设佳。真阔气，像煞大人家。”

“呸。斜月三更门半开。门影里，时有玉郎来。”

“哼。笑倒门前冷眼人。真公馆，公共可探春。”

“咳。玷污官场太不该。头巾绿，顶戴黑如煤。”

歸
公館
烏
公館

西人大跑马跳浜之勇猛

寓沪西商，每届赛马之第四日，必有跳浜之举，以尽余兴。场中开有小浜，各马至此，皆一跃而过，仍以先到者获胜。而跳时恒有一二骑人翻马仰，跌入河中者，乃各西人略无畏惧，甚或人甫跌地，此马未经入水，即一跃而起，依旧逐队驰赛，其通猛一至于是，观者咸为心折。今日为西商秋赛跳浜之期，因绘是图，并戏仿采莲格诗二首，请阅报诸君哂正。

“跳浜频看泰西人，不顾身如飞去也。顾身如飞去也跳，浜频看泰西人不。”

“着鞭先得到浜前，一跃便看谁捷足。跃便看谁捷足着，鞭先得到浜前一。”

滑头店家假名召盘关店等脱货之奇想

世风不古，作伪日甚。近来沪北各店，每有以生意清淡，假名召盘，或翻造房屋，或即日迁移，或不日关店，门首高贴长条，减价脱货，且每多以三天为限，借招买客，一若格外便宜者。不知由春而夏，自秋徂冬，此种店铺依然开设，倘非见惯司空，几乎不误信为实。此等思想之奇，可谓得未曾有。爰作是图，并戏拟《湘江浪》小曲以志之。

《湘江浪》：

“春季里，生意勿灵，滑头店，偏会用心，呀，实在聪明，召盘的贴条门口，贴哟，贴哟价公平。夏季里，生意热光，滑头店，要出锋芒，呀，说要搬场，搬场的贴条门口悬哟，悬哟货销忙。秋季里，生意艰难，滑头店，乱话谈谈，呀，房屋将翻，翻屋的贴条门口粘哟，粘哟卖抛盘。冬季里，生意更清，滑头店，越想越精，呀，关店为名，关店的贴条门口挂哟，挂哟将人引。四季里，生意会骗，滑头店，瞎说连牵，呀，常只三天，三天的贴条门口糊哟，糊哟到明年。”

幺二妓院吃菊花山酒之高兴

沪北西棋盘街各幺二妓院，每届九月下旬，必于天井中搭菊花山约半月，以娱狎客，一时冶游者趋之若骛。此半月内，凡设宴者，名为吃菊花山酒，皆于花山下饮之，亦有平日不狎幺二妓女，而兹数日亦偶一往游者。以是神女生涯，颇形起色，不可谓非花丛中一年韵事也。故作是图，并拟知单一纸，敢为邀吃菊花山酒者捉刀焉。

知单：

“窃以高烧绛蜡，宴桃李于芳春；浅酌碧筒，赏芙蕖于炎夏。古人及时行乐，每飞花国之觞；吾侪随处钟情，合醉绮筵之酒。况值秋高北里，已凉之天气殊佳；正当花放东篱，耐冷之霜葩乍吐。人巧极而天工夺，叠之可以为山；奇观集而豪兴生，相赏奈何无酒。用是命俦啸侣，愿为长夜之欢；尽教低唱浅斟，共作赏秋之客。勿谓幕天席地（凡饮菊花山酒必天井内），寒蛩来恼客之声；须知握雨携云，幺凤多殢人之媚。幸毋吝趾，务请赏光。谨署台衔，乞书知字。”

妇女竞带珠项圈之妩媚

以珍珠串成项圈，为妇女胸前之饰物，此风甫自近三年始，而今岁尤盛。凡妇女之艳妆者，几莫不以系此为荣，风气所趋，靡然一轨，一若非此不足以助媚者。爰绘斯图，并成辘轳体诗三章如下。

辘轳体诗：

“非是朝珠非念珠，项圈新样系名姝。酥胸似露晶莹色，行近前来媚有余。”

“精圆夺目映琼裾，非是朝珠非念珠。疑煞下垂百家锁，儿时带起未曾除。”

“摇曳风前整绣襦，满身络索态安舒。佛家璎珞差相似，非是朝珠非念珠。”

抱烟囱叫魂之阴惨

沪俗不论男女有疾，迷信者每恐病人失魂，相率为叫魂之举，女巫及卖课者，更为之推波助澜，故定方位。于是有猱升屋顶，抱住灶上烟囱，依定所断之方而高叫者。凡叫必在夜半，故其声每甚阴惨。爰绘是图，并戏作《追魂咒》一通，窃愿见是图诵是咒者，以后宜互相诫勉，勿再蹈此恶习也。

《追魂咒》：

"魂兮魂兮，与人相依。奈何一病，想入非非。妖巫惑众，卜士炫奇。某月某日，一吓魂飞。必须魂返，疾乃可医。病家不察，愈为所迷。焚香点烛，哀告神祇。登高大叫，猱升灶披。呼父呼母，唤子唤妻。烟囱抱住，声类鹃啼。魂兮归来，其声惨凄。等诸已死，招魂歔欷。吾神深悯，示尔精微。同持妙咒，各悟元机。追魂有术，心正不欺。破除迷信，魂自勿离。速求医药，病愈可期。如违我咒，枉自祷祈。我奉九天开化自由尊神急急如律令敕。"

妇女竞戴金丝眼镜之时趋

眼镜一物，向惟男子之有目疾者用之。自墨晶眼镜盛行，人喜其可蔽风日，于是戴者渐众。自金丝眼镜出，而闺阁中乃有借此以为美观者，近则上自官眷，下至娼妓，几于数见不鲜。缘作是图，并戏仿上海码头小曲一支，以觇风尚。

《仿上海码头曲》：

“金丝呀眼镜，精呀实在精，金光灿烂耀眼睛，嗳唷，最好是墨晶，遮遮风呀，嗳唷，灰尘吹勿进。公馆呀宅堂，奶奶小姐们，欢喜格种好眼镜，嗳唷，戴戴勿离经，戴惯子呀，嗳唷，旡啥难为情，出门呀戴子，笑盈子格盈。本来一双倩眼睛，嗳唷，圈子一圈金，熟人见呀，嗳唷，像煞陌生人，不过呀一样，想想勿该应。堂子里向妖怪精，嗳唷，为啥缠勿清，戴起子呀，冒充贵千金，千金呀声价，坏呀坏他们，格种风气应得禁，嗳唷，忒煞旡淘成，褪脱俚呀，嗳唷，勿许瞎热昏。”

地皮掮客之钻营

沪上一隅，近数十年地价之昂，甲于他处，于是一般业地皮掮客者，见人有良田美地，必百计钻营，务使出售始已。一面招揽买主，随手出脱。而买主则大半以西人为多，亦有并非西人而倩西人挂号者。租界以内，姑不具论，甚至租界外近亦每有售地交涉之事。若辈实为厉阶，至于掘弃卖主祖先坟墓等事，更不一而足。爰作是图，并代拟成单一纸，以讽若辈，不知若辈亦有动于中否?

成单：

“立成单包祖仁，今愿承买卖到革洋处，则田□亩□分□厘□毫，所有地上坟墓及骨殖一切，无论为自己祖宗，或他人族党，俱为一律铲平移净，甘受不孝及不韪之名，期以□月为限，期内务达目的，如有邻房梗阻、官长留难，自当不受范围竭力抵制。只观各处路矿等产，近尚有人设法掮卖，唾骂忍受，抱定宗旨，百折不回，何况区区地亩，转难勉力图成。为此缮具成单，预行订约，如有竟难办到之处，愿遵古方以地鳖虫研碎治伤之法受罚，虽粉身碎骨，亦所不辞。恐口无凭，立单存照。中西□年□月□日立成单，包祖仁押。”

歲寒三友

妇女小孩吃香烟之奇特

自香烟行销我华后，向之吸水烟、旱烟、雪茄烟者，皆一变而改嗜此物，每年消耗金钱甚巨。初时尚惟男子吸之，近则女界及十余岁小孩亦有争相效尤者。揆之西国妇女不喜烟草，及年未成丁者不准吸烟，恰成一反比例，诚为奇特。爰作是图，并填《西江月》二阕以谑之。

《西江月》：

“风气申江特别，闺人也嗜香烟。一枝衔在嘴唇边。赢得瓠犀微现。媚态任凭郎看，香痕喷到人前。樱桃樊素小增妍。若吸雪茄不便。”

“别有髫年稚子，花钱也买烟呼。阿爷阿母大糊涂。任令时趋学步。莫把风流自赏，旁人掩口葫芦。本来雏凤是嘉雏。作怪翻如小兔。”

小菜场买物之拥挤

沪上自租界中创设小菜场后，近则华界西城一带亦复设立。每早居民买物，环集场中，甚形拥挤。因作是图，并略采各处乡音成短篇小说，以博阅者一粲。

乡音短篇小说：

“砰，天明炮放了；呜，呜，呜，丝厂上工了；我们大家小菜场买小菜去。一北京人高声曰：‘咱要买窝颗儿（鸡蛋），几个大钱一个？’一南京人曰：‘偻买一支狎子（鸭子），要飞（肥）。’一天津人曰：‘哇要买大葱，多儿钱一斤？’一绍兴人曰：‘鹤洛要买甘菜（干菜）。’一宁波人曰：‘阿拉买咸齑（咸菜）。’一徽州人曰：‘阿街买居油（猪油）。’一杭州人曰：‘我要买豆腐奸儿（豆腐干）。’一无锡人曰：‘咸倪买点发牙豆。’一广东人曰：‘唔买一根（一斤）油鱼。’一常熟人曰：‘藕俚买斤朱肉（猪肉）。’一苏州人曰：‘奴亚买条呃（鱼），格两日强得势哚。’一浦东人曰：‘侬搭我秤一斤烘干地力（风干荸荠）。’正在人声嘈杂，忽一松江人大呼曰：‘巡捕巡捕，呃哪倒用（倒运）。铜钿本贼骨头铳去拉咧，疽（追），疽，疽。’于是巡捕帮同获贼，菜场上群目注视，见捕获贼而去。一外国人曰：‘怕立司佛哩咕得。’”

妇女竞穿滚边马甲之耀眼

马甲，一名背心，亦曰领衣，即古之半臂也。古时妇女之服此者，厥惟婢女，故戏剧中凡演婢女，必衣此服。即以沪上而论，前数年亦惟娘姨、大姐辈衣之。自妓院中有一二婢学夫人者出，巧制艳色马甲，饰以外国黑白各花边，标新领异，于是妓女等亦尤而效之。近则公馆宅堂，亦几染此恶习。缘作是图，并填《菩萨蛮》二阕以讽之，非深恶于此种马甲也，盖慨昔之婢学夫人者，今将夫人学婢，大不可耳。

《菩萨蛮》：

“簇新马甲稀奇甚。周身多用花边滚。不是小红娘，如何这样妆。虽说风头健。争奈人轻贱。当面赞卿衣。须知背后批。”

“昔年婢把夫人学。苦心制此衣来着。不道未多年，闺人各爱穿。从此衣装杂。主婢分难出。黠婢好便宜。夫人反学伊。”

大出丧排场之阔绰

沪地奢靡，日甚一日，即以丧家出殡一事而论，向惟有职者用旗锣执事，今则视为普通排场矣。向惟用旗锣执事以为荣者，今则踵事增华，阔绰者皆用马执事、洋号队鼓等种种矣。《葩经》言“吁嗟阔兮，不我活兮”，此二语大堪移赠丧家。爰绘是图，并就其各种排衙，衍为路由牌一道，亦足见沪江风俗之一斑焉。

路由牌：

“丧居起马，由开路坊，过马巡街、清道头街、飞虎街，至打锣街，由衔牌巷，过冲风街，进弯号湾、马执事街、四旗牌巷、时辰巷、对马厅、马六冲街，过清道二街、打锣二街，至魂鸡站、吹打弄、香花亭，过军健头营，由銮架集，至顶马厅，过诰命坊，至清道三街、打锣三街，由衔牌二巷，过白对马厅、清音头弄，至香亭桥，过花伞巷，至影亭桥、花车驿，过经伞巷、渡僧桥、逍遥伞巷、悟道桥、小花圈巷、大花圈巷、牟尼庵、清音二弄，至祭亭桥，过队鼓营，由联幛坊，至猪羊亭，过清客坊，至丹旐牌楼，过六执事街、军健二营、洋号湾、金山银海、护卫街、提炉巷、梅花弄，至招魂桥，过清音三弄、大幡竿巷、军健三营、功布坊、云翣坊，至丧车前。”

金鼓

流氓强攫妇女首饰之凶横

沪地流氓之多，甲于他处，以致拆梢、讹诈之事时有所闻，而尤为明目张胆、横行无忌者，则莫如攫取妇女首饰。无论此妇步行，或乘小车，或东洋车，若辈俱敢肆其妙手空空之技。巡捕及警察等非不时有破获，送官究办，无如惩者自惩，犯者自犯，此风竟不能绝。因作是图，并戏拟赏格一通以缉之。

赏格：

“为悬赏缉匪事。照得强徒不法，律有明条；士师诘奸，责无旁贷。若使满街不靖，何用官为；致令行路担惊，成何事体。兹查有等攫物流氓，道旁驻足，伺妇女之经过；弄口飞身，竟金珠之乱抢。顾咸卿之不作，谁撄其锋；黄勋伯之已亡，难擒厥犯。坐是逍遥法外，几破获之无从；遂致扰攘境中，更横行而无忌。惨听伶仃弱女，呼号来求救之声；那堪腐败，罔巡饬缉鲜获凶之日。为此出立赏格，嗣后如有当场拿获此等匪徒者，赏洋□□元；事后知风报信，因而拿获者，赏洋□□元。总期有犯必惩，捐廉奚惜；不得挟嫌妄指，反坐难宽。须至赏格者。右赏格发通衢大道、私街小弄一体实贴。”

大小店铺沿街发传单之热闹

店铺之有传单，自报馆始。报馆有紧要消息之当日不及录登者，必刊发传单，以馈途人，途人必争相乞取。店铺见其如是，于是凡新张及老店新开，或新货到埠、积货求消者，亦俱广发传单，以广招徕。而视其传单中所印字句，尽有语气不通，别字满纸，甚至自相矛盾者，殊令阅者大噱。因绘是图，并戏拟不通、别字及矛盾之传单一纸，以博阅报诸君子一粲。

传单：

“本号新近开张百有余年，专运上等次货，在门市趸售，定价划一不二，格外减折。此种上等次货，近日涌到无多，讲者幸祈纵速。本号四远驰名，恐未周知，特发传单，诸尊光降为寿。本号传单之特别广告。谨启。”

客栈伙于轮船到埠时接客之拼命

上海为通商大埠，客栈之多，鳞次栉比。每逢轮船抵埠，各栈皆派伙友登舟接客。每有轮未泊岸，而若辈已一跃而登，或攀跻栏槛而上者，性命危险，几置不顾，见者罔不惊讶。因作是图，并填《江儿水》曲，以志真相。

《江儿水》：

"猛见轮舟到，飞将铁槛攀。你只因要吃东家饭，你不能袖手稍贪懒，你只堪奔上高声喊，何等房间听拣，单子高擎，说那位请临敝栈。(前腔)不顾身躯险，谁愁跋涉艰。看轮机辘辘停何慢，看波涛滚滚争先惯，看箱笼叠叠无虞绊，只要银钱能赚，性命相拼，管什么魂飞魄散。"

男女衣服高领头之诧异

衣服之制，长短尺寸，贵乎适中，服之乃觉大方，不致贻人笑柄。乃沪上近来日异月新，男女各衣，腰身极窄，臀凸肚耸，已不雅观。而今岁又有高领头之男女衣出现，其领竟有高至三四寸者，无论男子服之，点首回头，已多不便，而妇女复于领口压以发髻，几有此颈若僵，无从转侧之致，受累曷可言状。或者借以取暖，暑令则盈盈娇汗，领湿如潮，尤属无谓。因绘是图，并作男女《高领谣》各一以嘲之。

《男衣高领谣》：

“好男儿，衣领奇，高高竟与下颏齐。衣领高高齐下颏，不可回首不可咳。回头擦得下颏疼，咳嗽吐痰颈莫伸。便宜算来只一事，官刑不怕练条至。吁嗟乎，得保首领以没世。”

《女衣高领谣》：

“好女儿，衣领高，高高欲将发髻包。发髻下垂包不得，压住衣领颈难侧。看郎不可暗回头，见郎难作低首羞。只闻古有强项令，强项美人谁下聘。噫嘻吁，强项殊为美人病。”

贫民典物之悲观

昔人言“长安居大不易”，而近岁沪上，房租日贵，物价日昂，居斯土者，设非富家翁、硕腹贾，亦颇时有匮乏之虞。以是典当及质铺、小押店等，无不门常如市，而朝奉辈高坐柜中，面铁言冰，典物者每致受其奚落。睹此贫民之惨，有心人莫不悲从中来。因作是图，并拟《贫汉致朝奉书》一通，非有所怼于朝奉也，盖为贫民作不平之鸣耳。

《贫汉致朝奉书》：

“朝奉先生阁下：不劳迎送，日接音容，自愧寒微，难邀眷顾，在先生不惜阶前盈尺之地，使小子赍呈不腆，勉为缓急之通。先生之义高矣厚矣，无怪声色俱厉，示小子以冰霜不可犯之容，小子何说之辞。然窃有愿为先生晋一言者，则以小子怀宝而来，挚金以去，有宝斯有金，则先生似亦不宜绝人太甚耳，况月奉三分二分之息，虽先生之贵居停取之，第先生若无小子辈供此月息，贵居停将奚先生为。爰敢专函先生约，此后小子如以先生激励之故，得以微有蓄积，不再趋谒门墙，固为叨天之幸，否则尚祈先生稍敛尊严，勿再以訑訑之声音颜色相向，致小子既痛赤贫，又遭白眼。惟希先生怜而鉴之，书不尽言，言不尽意。并颂先生永永为贵居停聘请执业，勿致有失就之日，与小子一般深入窘乡，致先生更遇先生也，欣幸奚似。肃此布臆，敬叩懒安。”

當
當
押
質
質

巡捕驱逐东洋车之威力

沪北东洋车日多一日，稠人广众之间，时有空车碍道，巡街捕有管理街道之责，驱之固宜。然其威力所及，有令车夫奔避不遑，而途人为之震惊者。爰作是图，并戏仿文言小说体裁，作短篇小说《一棒威》，以志梗概。

短篇小说《一棒威》：

“电灯如昼，照街作寒碧色，环福州路、广东路一带，极车水马龙之盛，辚辚萧萧之声，不绝于道。突见有东洋车之绝尘而奔者，轮毂相击，篷背相撞，不知其几十百辆。见者疑失火也，而不闻警钟声；疑捕匪也，而不闻警笛声；疑前途或有人斗殴也，而又不闻呼号求救声。窃讶此几十百辆之东洋车，果何为狂奔若是。俄见有衣警衣、执警棍，扬长而至者，则驱逐各车之巡街捕也，警棍击车，作朴朴声，行稍迟者，辄为所及，虽不及于人，而车夫已俱若胆为之落。呜呼，一棍之威，乃至于是，此巡捕之所以为巡捕欤。”

妇女上街手携皮袋之轻便

皮袋之制，状如洋钱皮夹而大，东西洋皆有之，以便旅行人所用。近来沪上各行号收账伙友亦乐用之，以其便于储藏洋券一切也。乃不解妇女偶尔上街，每亦喜携此物，习惯自然，俨以写意自命。因绘此图，并仿《十把扇》小调作《十只袋》曲。

《十只袋》：

"一只皮袋样子新，袋中放个香水瓶，姐姐拎，轻，灵，香水精。两只皮袋银链拖，袋中放只小木梳，姐姐拎，轻，灵，象牙梳。三只皮袋小别致，袋中放面小镜子，姐姐拎，轻，灵，妙镜子。四只皮袋薄得势，袋中放叠香粉纸，姐姐拎，轻，灵，好粉纸。五只皮袋瘪搭搭，袋中放只胭脂盒，姐姐拎，轻，灵，小脂盒。六只皮袋软疲疲，袋中放块好香胰，姐姐拎，轻，灵，桂花胰。七只皮袋两面合，袋中放只小油刷，姐姐拎，轻，灵，广东刷。八只皮袋勿离经，袋中放块白丝巾，姐姐拎，轻，灵，外国巾。九只皮袋啥用头，袋中放块伽罗油，姐姐拎，轻，灵，代香油。十只皮袋呒啥放，袋中小照放情郎，姐姐拎，轻，灵，爱情郎。"

流氓持刀拆梢之凶恶

沪地流氓之多，甲于他埠，以致拆梢打架之事，时有所闻。胆大者更或持刀行凶，不知法纪为何物。言之殊为可慨，因作是图，并戏拟《破刀口诀》如下，愿贤长官见之，严加拿办，以靖地方也可。

《破刀口诀》：

“单刀要看手，流氓之手，非常毒辣，故每易伤人，非械击不可。双刀要看走，流氓之足，异常迅速，故每易遁迹，非锁禁不可。左插花，右插花，此流氓花样之新鲜也，宜以禁锢法施之。前盘头，后盘头，此流氓滑头之厉害也，宜以站示法惩之。白刀进，红刀出，宜速饬巡警掣其肘。刺刀短，腰刀长，宜责成差保搜其身。勿令刀尖所指，竟伤图害之人；须使刀法难施，转成自戕之祸。庶几凶刀入库，凶手发监，而匪徒得以严办，良民不致遭殃矣。”

官署不停刑讯之希奇

明谕修订法律，收回治外法权，严饬各省停止刑讯，是地方官宜一律停刑也固矣。乃何以上海一隅，有已停者，有未停者，且有仍用跪链或鞭背等极刑者，令人闻之，殊不可解。因作是图，并填《如梦令》二阕，盖亦为民请命之意也。

《如梦令》：

“板子板子。官府作威如是。只因难得供词。一味堂前死笞。笞死。笞死。尚说罪该如此。”（其一）

“跪链跪链。非刑令人掩面。不招再责皮鞭。生死可怜线边。边线。边线。民命这般轻贱。”（其二）

城门得钱便开之荒唐

城门因诘奸禁暴而设，故城中之虎头牌，必有“盘诘奸宄”“严查匪类”八字。然上海之各城门，则每晚关闭之后，只须小洋一角，或铜元十文，口称对牌，便可开放。致有杨洋。八爷、童铜。状元叫城，比真正局署对牌，更灵十倍之说。呜呼！此种城门，设之何用？不能守保城主义者，何以必欲保全？愿为门弁门兵，留此索钱之地。因绘是图，并戏拟对牌以给之。

对牌：

“为给发对牌事。照得城门之设，所以生财；局署之称，何妨借用。虽曰守来鱼钥，半夜当扃；须知飞到龙元，平明可启。今据职员杨职、董钱等，宵征肃肃，夜漏已深；归路迢迢，重闉忽阻。异叫城之乞丐，内外俱宜；愿守陴之弁兵，声音静听。倘欲对牌高喊，不必迟疑；尽叫铁锁频开，任容出入。既幸钱神光降，应当迎迓之不遑；即有匪类同行，何必盘查之宜慎。合给牌照，准予放行。右仰各门兵弁。准此。”

妇女亦乘脚踏车之敏捷

自脚踏车风行沪地后，初惟一二矫健男子，取其便捷，互相乘坐。近则闺阁中人，亦有酷喜乘此者。每当马路人迹略稀之地，时有女郎三五，试车飞行。燕掠莺梢，钗飞鬓亸，颇堪入画。因作是图，并填《踏莎行》一阕。

《踏莎行》：

“马路人稀。鸾铃韵细。轻车飞过名姝丽。临风乱摆柳腰肢，管他吹得衣裙起。　　钗凤斜欹。鬓蝉不理。只将扶手连凝睇。莲钩频缩复频伸，娇嘘逗出如兰气。”

骗子掷包串诈之奇想

沪地近来有等骗子，三五成群，伺于道左，见有乡愚及乡妇等经过，一人伪遗一包于地，故令拾去，另有二三人尾之而行，逮至此人开看，蜂向分取，必言已被藏去包中值钱之物，肆其索诈，甚或搜攫身畔钱物，无所不至，地方官屡办不悛。因作是图，并戏撰大鼓儿词，以为贪小拾遗者告。

《大鼓儿词》：

"咱唱一枝大鼓儿词，咱唱的，鼓儿词，列位应该知，人心不古将人来骗，骗子的法儿，他可真会施。[白]列位，骗子什么样一个骗法，听咱道来。[唱]那骗子，手拿着，一个儿包，见人来，在人前，丢下了。想为人，何苦贪什么小，拾起这，包儿来，瞧什么一瞧。[白]这东西可瞧他不得咧。[唱]瞧了这包儿，来了多少人，说什么，这东西，见者都要分。你不该，把好的，藏在身边去。咱们的，今天儿，定要搜你身。[白]坏喽坏喽，这可便苦了你喽。[唱]你拾这包儿，贪着小便宜。你贪了便宜，立刻失便宜。自己的东西，都被他搜去。任你的叫喊，没人来睬你。[白]列位，从今后须听咱相劝。[唱]听咱的相劝，留一点儿心，从今后，莫再把，祸来寻，路上的东西，休要去拾。骗子无法，来上你的身。"

烟馆营业之惶急

上海烟馆之多，本以数千计。自禁烟令下，城厢先奉官谕闭歇，近则租界亦将届期，以致凡在烟馆营业之人，无不双锁愁眉，异常惶急。其早图改业，及此后或可家食自甘者，姑不具论。惟一班平日相依烟馆为命，一旦歇业，其人烟瘾素深，无从改就他事者，真有求生不得、求死不能之苦，共悔当初执业之非。因作是图，并代拟《绝命词》四绝以悲之。

《绝命词》：

“烟馆频年作老班，本来生意好非凡。而今限到将收歇，七件开门养命难。”（老班）

“烟馆频年做帐房，挑膏剪土落银洋。而今限到将收歇，作弊无从一命亡。”（帐房）

“烟馆频年做值堂，开灯小账赚钱忙。而今限到将收歇，进账全无活命僵。”（堂倌）

“烟馆频年把土烧，偷灰惯用肉皮膏。而今限到将收歇，两手空空没命逃。”（烧烟）

探捕押同窃贼吊赃之重叠

沪地窃贼之多，令人防不胜防。若辈窃得赃物，大半质诸小押店中，一经破案，探捕必押令该窃同往吊赃。竟有前者甫吊，抑且后者复继，重叠而至者。因绘是图，并仿《十送郎》小曲，作《十吊赃》曲。

《十吊赃》：

“吊赃吊到押当门，押当的朝奉吃一惊。不知那个人娘贼，当了呀东西来害人。”

“吊赃吊到柜台前，臭贼的站在柜台边。包探巡捕开言问，贼赃呀当了几多钱。”

“吊赃吊到首饰多，金银的珠翠当来苛。十钱不作三钱值，本来呀忒煞瞎呼呼。”

“吊赃吊到衣服多，绸缎的布帛与绫罗。不该杀价来收下，早知呀今日悔当初。”

“吊赃吊到家生多，台条的椅凳尽搜罗。今朝多要来拿出，当本的无偿没奈何。”

“吊赃吊到器皿多，铜锣的锡器与茶壶。零星的物件难藏起，一榻的刮子点清楚。”

“吊赃吊到洋货多，自鸣钟洋伞无其数。当时原晓偷来物，为什么收下约约乎。”

“吊赃吊了出门墙，朝奉的叹气臭贼慌。明朝多要官司吃，一个儿判押一罚洋。”

“吊赃的吊了又重来，好多的赃儿吊不完。刚才一案公堂破，别人的又把案来开。”

“吊赃吊得一塌糊，押当的难开饭碗破。明朝只好关门罢，免再的收赃闯穷祸。”

大隆
押

大排场嫁娶之热闹

沪俗奢靡日盛，即以嫁娶而论，稍有身家者，俱用五梅花执事无论矣，而好胜者甚且用马执事，及洋号队鼓等种种排场。乾坤宅人马之多，以数百计，几令见者咋舌。戏作是图，并代傧相作请新语以谑之。

请新语：

“伏以旗锣伞扇大迎亲，鼓乐笙箫喜请新。军健排班高喝道，喜嫔扶出两新人。初请新人，登堂稳步。”

“伏以洋号呜呜洋鼓蓬，再加队鼓壮威风。新人即晚辕门闯，擂鼓开兵助兴浓。二请新人，登堂稳步。”

“伏以执事全班马队忙，吆吆喝喝满华堂。稍停放马来交战，匹马骑开足一双。三请新人，登堂稳步。”

沪地居人娶妾之起劲

田舍翁多收十斛麦，便憎家中黄脸婆子，欲图娶妾，自古传为笑谈。今住居沪地之人，非田舍翁，而娶妾者则实繁有徒，岂富翁之多耶？何为纷纷然起劲乃尔。因作是图，并填《贺新郎》一阕调之。

《贺新郎》：

“小院春光好。小桃源、小月初圆，小星正耀。生小多情添眷属，碧玉小家人妙。喜艳福、小侬修到。小筑藏娇金屋丽，小阳台、衾枕安排俏。登小榻，怜娇小。　　小心瞒住夫人晓。怕小鬟小语无端，小灾飞肇。打鸭惊鸳遭小劫，急煞依人小鸟。便小燕、双栖难保。莫弃小巢飞去也，倚小楼小泣频嗟悼。添些小，小烦恼。”

冬夜广东馆吃边炉之暖热

广东消夜馆(俗作宵夜不通)，盖取消磨长夜之意。冬夜有边炉菜，炽炭于炉，沸汤于锅，任客自取鱼片、菠菜之属，烹饪自食，并醉以酒，客皆好之。食竟，既饱且暖，其趣有甚于围炉夜话者。因作是图，并拟白香山“不如来饮酒”诗二律，以志佳兴。

《拟白香山不如来饮酒》：

“不如来饮酒，消遣此寒宵。炉火红泥炽，羹汤白菜烧(凡食边炉，锅中必先有白菜数片)。三杯供醉啖，一脔学烹调。待得生鱼熟，筷儿急急撩(鱼生久煮即烂，食者故急于撩取)。”

“不如来饮酒，围坐火炉边。菠菜腾腾热，冬菇颗颗圆。饱余心亦暖，餐罢舌犹鲜。归去西风紧，何妨带醉眠。”

冬令番菜馆之冷落

沪上番菜馆生意，宜于夏而不宜于冬，以夏令惟番菜最为清洁，且客座又极豪敞之故。若冬令则京徽各菜馆与广东消夜等馆，适当其时，而番菜馆乃日形冷落，须至明年开正以后，始渐转机。此虽每岁皆然，而今岁则以市面清淡，似更较甚。因绘是图，并仿“一爿茶馆冷清清”童歌以志感。

童歌：

“一爿菜馆冷清清，两扇洋门少客行。三面洋台空落落，四方台布黑沉沉。五花空把台花摆，六曲屏风起暗尘。七折账头收不稳，八音歌曲久无闻。九分亏本撑难住，十里洋场市不灵。十面招徕须想法，九寒天过盼开正。八风扇动阳和气，七件开门靠得成。六月炎天多起色，五方贵客共临门。四时只有冬难过，三季还能赚白银。两处若开南北店，一年翻本祝明春。”

英法大菜

愚民施放炮竹救护月食之奇怪

地球之卫星为月，有时与太阳同在一线，乃发生日食月食之现象。若月在日球、地球之中，日光为月所掩，是为日食；地球在日球、月球之间，则地掩日光，使不得映射月球，是为月食。无所谓救，亦无所谓护。自后人“日为君象，月为后象”之说起，于是有谬施救护之法者，谓宜施放炮竹，其实不值识者一笑。况租界犹严炮竹之禁，以是每届必有拘进捕房惩罚者。本月望为月蚀之期，炮竹之声震耳，记者慨积习之深，愚民竟难开化，因作是图，并戏仿《月令》三则，以谑之。

《月令》：

“是月也，蟾蜍蚀，兔子惊，嫦娥遁其形，炮乃发声。”（其一）

“是月也，娑婆萎，丹桂折，吴刚失其斧，民乃护月。”（其二）

“是月也，警笛鸣，巡捕出，愚民化为犯，炮始收声。”（其三）

汽车呜呜飞行之快捷

汽车之制，始于泰西，驶行之速，为各车冠。上海初惟西人御之，近则华人之富有者，亦每喜乘此。沿途闻放汽声，呜呜作响，即知此车将到，闻者罔不引避，稍延则或虑不及。并戏仿李太白《行路难》乐府作《新行路难》，为行人告。

《新行路难》：

“一车辟易人百千，双轮足值价万钱。汽声呜呜向前进，按机四顾心雄然。未过泥城尘似烟，忽来马路灰扑天。若逢转弯势稍缓，旋复如飞夺路先。行路难，行路难，逢窄路，真可骇。误伤人命会有时，对簿公庭须罚款。”

妇女傍晚在沿街洋台闲眺之轻薄

沪地房屋精美，沿街每建洋台，以便吸取空气。而家有妇女者，其家长如不善约束，必喜于夕阳将下时，悄倚阑干，频频眺望。虽非荡检逾闲可比，然一任儇薄子眈眈注视，谑翠评红，亦于风俗大非所宜。爰作是图，并填《高阳台》一阕，愿沿街洋台之妇女，有则改之，无则加勉也可。

《高阳台》：

“梳罢香云，移开镜月，姗姗步出房栊。含笑低头，无言独立东风。手凭阑干频俯眺，俏凝眸、媚态惺忪。见天街，车如流水，马似飞龙。　　不防花底游蜂恶，任飞来品翠，攒聚嘲红。浪语难听，卿卿直怎相容。女儿究在深闺好，勿被人、谈论重重。愿从今，休抛娇面，莫露芳踪。”

东洋车拦路揽客之讨厌

沪地东洋车之多，以数千计，虽捕房颁有禁令，不准沿街揽客，而若辈仍每喜横截路隅，遇有一客唤车，各车如蜂屯蚁聚而至，令客几于无所适从，甚至有争揽之余，酿成斗殴等事者。此风最为可厌，因作是图，并戏拟急口令一则，借资谈谑。

急口令：

“老班阿要坐东洋车，老班要坐我东洋车，我就拉起东洋车，骨碌碌抢出别部东洋车。老班覅坐我东洋车，我就拉起东洋车，豁喇喇拦住别部东洋车。老班还是坐我东洋车，覅坐别人东洋车。老班若坐别人东洋车，覅来坐我东洋车，我是骨碌碌啯喇喇格东洋车，俚是慢腾腾死顿顿格东洋车，我就拿骨碌碌啯喇喇格东洋车，挡牢住慢腾腾死顿顿格东洋车，看俚慢腾腾死顿顿格东洋车，阿抢得过我骨碌碌啯喇喇格东洋车。老班还是坐我骨碌碌啯喇喇格东洋车，覅坐俚慢腾腾死顿顿格东洋车。老班若然覅坐骨碌碌啯喇喇格东洋车，又覅坐慢腾腾死顿顿格东洋车，阿是要坐部软糟糟轻飘飘格纸糊东洋车。”

夜半后福州路车夫乞丐之纠缠

福州路为北里之中心点，夜半以前，捕房禁令甚严，凡车夫、乞丐人等，概不许沿途揽客，随路乞钱。惟夜半后，则巡捕略稀，若辈每有向人纠缠，令人厌恶之事。因作是图，并再拟急口令一则，以写状况。按本报于“社会现象”一栏，自第一幅起，其题句逐日变易体裁，已将百幅，无一同者。兹因昨报之急口令，似尚发噱，因复见之。然虽同一急口令，而按诸语气，仍似不同，阅者当不以犯复为嫌也。

急口令：

“马路里向来子一群车子，转弯角浪来子一群化子，街沿边头踱出一个寿头麻子，弄堂口头溜出一个滑头麻子。车子钉牢住子寿头麻子，问阿要坐部车子；化子跟牢住子滑头麻子，问阿肯搭救化子。寿头麻子吆喝车子，滑头麻子打骂化子，车子飞跑撞子化子，化子极叫拖住车子。闸生头里巡捕拿子一根棍子，赶散车子，捉住化子，喝走滑头麻子，吓坏寿头麻子。”

捕房捉狗禁令之严紧

疯狗最易噬人，被噬者苟不急求医治，每因毒气攻心，竟致不救，言之可慨。捕房有鉴于此，因令蓄犬之家，除捐照并以铁丝嘴套将犬于出外时系套外，每日又派巡街捕拘捕无主及无套之犬，一一纳入捉狗车中。车回捕房，或俟认领，或令致毙，以除狗患。在抱妇人之仁者，虽曰此禁未免太酷，不知重人轻犬，正应乃尔。因作是图，并戏拟十七字诗四首，以告豢犬之既未领照又未戴套者。

十七字诗：

“豢犬莫违章，须捐照会洋。更休无嘴套，汪汪。”（其一）

“巡捕狠巴巴，推来捉狗车。路旁将狗逐，嘁嘁。”（其二）

“翟翟竹竿擎，绳圈活结成。狗头收住也，狺狺。”（其三）

“狗命这回无，拘回狗骨酥。一齐驱入水，铺铺。”（其四）

出局妓女与跟局人同坐包车之局促

租界禁令，凡乘东洋车者，不许二人一车，有则必将车夫拘罚，盖防转弯等处车身载客过重，或有意外之虞也。自近日妓院中，咸自置包车，于是妓女出局，每喜与跟局大姐或娘姨等促坐一车，招摇过市，赋“二女同车”之句。巡街捕以包车故，未加禁阻，渐至此等包车，日多一日，社会之新现象，大堪入画。因作是图，并拟叠字诗一律，借博阅报诸君子一粲。

叠字诗：

“双双燕燕与莺莺，袅袅婷婷细细评。擦擦磨磨磨擦擦，行行去去去行行。惺惺惜惜依依态，唧唧哝哝脉脉情。紫紫红红娇怯怯，花花叶叶一茎茎。”

妓女送客之假惺惺

妓女以色身事人，其主义固“金钱”二字耳。然若无假惺惺一法以惑客，则安能使客共掷缠头，以饱欲壑。于是每逢客去，必相送至房门口，或楼梯口，循例曰“晏歇来”“明朝来”，一若有万分留恋者。至于客如远行，则或送登火车，或送至轮船，且必媵以点心、水果等物，其依依惜别情状，有甚于平日十倍者，其实皆假惺惺也。因作是图，并倚《阮郎归》二阕，以释客惑。

《阮郎归》：

“看花人去思迢迢。须将郎缚牢。临行嘱别把郎邀。莺声花底娇。言晏歇，说明朝。郎须来一遭。那知说尽话唠叨。真情无一毫。”（其一）

“闻郎远别假凄惶。泥郎迟束装。点心水果满筠筐。濒行持赠郎。车站上，码头旁。临歧送别忙。依依别恨满河梁。归来都尽忘。”（其二）

茶寮炕榻品茶之闲适

炕榻品茶，始于一石路之新寄园烟馆，其楼面有炕榻十张，备不吸烟人消遣，美其名曰“卫生茶”。近则各大烟馆收闭之后，皆师其法，品茶者颇乐就之。因作是图，并仿十二个月采茶山歌作《吃茶山歌》以写闲适。

《吃茶山歌》：

“正月里吃茶是新年，泡茶泡在炕床边，两个橄榄当元宝，呷口元宝赞茶鲜。二月里吃茶暖洋洋，绝细茶壶摆炕床，堂倌掇凳来搁脚，壶中茶叶雨前香。三月里吃茶正三春，桃红柳绿百花新，吃茶若使春心动，炕榻眠眠好养神。四月里吃茶日渐长，困人天气软郎当，吃盏香茶困一歇，眼睛闭闭倦茫茫。五月里吃茶是端阳，火腿肉粽裹来香，吃完粽子茶坊到，说说谈谈坐炕床。六月里吃茶三伏天，心中热得火来煎，榻床闲把凉茶饮，饮罢凉茶更好眠。七月里吃茶正新秋，街头暑气未全收，不如茶榻闲眠好，勠坐包车马路兜。八月里吃茶赏中秋，梦中好到广寒游，醒来还在茶堂里，伸个懒腰懒休休。九月里吃茶菊花黄，登高佳节是重阳，登高还是吃茶好，眠眠坐坐两无妨。十月里吃茶小春天，工夫日短值铜钱，夜来茶榻消闲好，不比烟间吸大烟。十一月吃茶冬至临，外头风雪冷阴阴，热来吃得浑身暖，不见茶杯炕上冰。十二月吃茶将过年，安闲好似小神仙，半眠半坐将年过，无是无非又省钱。”

火车开行之飞速

上海得开通风气之先，故火车亦发达甚早。自淞沪火车开行后，近则更有往来宁沪、往来杭沪各车，乘坐者罔不称便，且咸谓来去如飞，非别项车辆所可比拟。因作是图，并即以“来去如飞”四字冠体，成一三五七言诗四首，以状其速。

一三五七言诗：

“来，汽机开，匝地卷春雷，瞬息山隈又水隈。”

“去，攀难住，一霎不知处，飘飘列子将风御。”

“如，千里驹，翔步上天衢，行气如虹碧落虚。”

“飞，速率稀，飞鸟是此非，若比轮船快更奇。”

警捕拘罚沿街小便之严密

沿街小便，臭秽熏蒸，不特糟蹋街道，且于卫生大有妨碍，以是租界禁令甚严。近则城厢内外，开办警察，亦俱悬为厉禁，如违定予拘罚。然外来之人，犹时有不知而误犯者。爰作是图，并戏仿《哈哈调》作《溲溲调》一支，以大声疾呼之。

《溲溲调》：

“溲溲一溲溲，要小便的人儿，心内乱稠稠，忙寻到，一个的墙角，解裤急飕飕，管什么街，什么路，什么浜，什么弄堂口，珍珠泉，满地流。溲溲一溲溲，要小便的人儿，不知暗担忧，那晓得，上海捕房警察局，沿街不许来解溲，道路怕糟蹋，卫生知道否，你不该，太自由。警捕来瞧见，当时一把揪，溲溲一溲溲，顷刻变罪囚，要逃你向那里走。溲溲一溲溲，愿告小便人，大家把心留，熬一刻，找尿沟。溲溲一溲溲，必须要，大家把心留。”

幼妓偷增年岁之可笑

妓院女子，向无真实年岁，往往春光迟暮，已在红稀绿暗之时，而问其芳龄，总不逾月圆左右。此亦青楼诓客之常情，势必所然，无足怪者。乃自上海租界禁止幼妓出局后，个中人转反其道而行之，竟有十三四岁雏鬟，而自认为已届破瓜年纪者，犀心未警，马齿暗增。初不意曲院丽姝，转效游方道士暗加年岁之陋习，良可异也。爰作是图，并集唐人句成七绝六首以嘲之。

“十三初学擘箜篌（王建《宫词》），韩寿香燋亦任偷（韩偓《闲情》）。今日分明花里见（李群玉《赠妓》），逢花却欲替花羞（卢纶《春日登楼有怀》）。”

“娉娉袅袅十三余（杜牧《赠别》），心每相亲迹且疏（贾岛《寄无得头陀》）。十二碧峰何处所（刘禹锡《松滋渡望峡中》），莫教愁杀马相如（许浑《寄献三川守刘公》）。”

“花面丫头十三四（刘禹锡《寄赠小樊》），才胜罗绮不胜春（花蕊夫人《宫词》）。若能许解相思珮（何光远《答龙女》），惟愿琼枝入梦频（钱起《过张成侍御宅》）。”

“年初十五最风流（花蕊夫人《宫词》），每到花前免独游（张籍《书怀寄王秘书》）。年纪未多犹怯在（方干《赠美人》），阮郎惟有梦中留（鱼玄机《暮春即事》）。”

“才可容颜十五余（王维《洛阳女儿》），枇杷花下闭门居（王建《寄薛涛》）。花间自欲徘徊立（刘言史《扶病春亭》），出水新莲艳不如（白居易《寄公垂》）。”

“秦娥十六语如弦（韩琮《春愁》），明月相随何处眠（高适《返山吟》）。闻道神仙不可接（张说《送梁大自洞庭作》），何时种玉已成田（施肩吾《访徐炼师》）。”

妓院教雏姬演戏之惨酷

妓院中教雏姬演唱戏剧，情形正为惨酷。闻之故老言，从前有恶鸨大脚桂芳者，其教幼妓唱戏也，有不潜心学习，则缚于长凳，以皮条紧紧收住，然后肆行鞭挞，有呼号者，必倍笞之，故所教各妓，无不擅长歌曲。自后宝树胡同谢姓妓院，亦以善教演唱著名，然凶威已稍稍衰矣。今沪上髦儿戏盛行，妓家亦竞以雇乌师教幼妓演唱为事，敲朴之声，时时达于户外。哀哉，小妮子，何辜而备受此惨苦耶？爰作是图，并赘以六言诗四首，以告有为民父母之责者。

“藤棍剧怜太重，皮鞭忒煞无情。公堂已废笞杖，妓家偏用严刑。”

“一串珠喉喊破，千般簧舌轻调。花外娇音呖呖，袖边血缕条条。”

“恶毒何堪鸨妇，凶残更有乌师。那管皮肤精嫩，可怜楚毒横施。”

“嫩蕊风偏折损，娇花雨竟摧残。鞭影丝丝细认，泪痕暗暗偷弹。”

男女共悬钮子鲜花之时道

钮子花始于西人，有以绸绢为之者，亦有以鲜花制成者，悬诸胸前，颇为耀目，华人效之。近来无论男女，皆喜悬挂此花，惟类以鲜花为多，取其香艳。因作是图，并填《一剪梅》一阕，以志幽趣。

《一剪梅》：

“谁把花枝缀钮边。风韵天然。香韵天然。春痕一剪动人怜。男也翩跹。女也翩跹。　　劈面相逢缟袂仙。衣自新鲜。花更新鲜。清芬阵阵扑胸前。行也生妍。坐也生妍。”

学生排队出行之整肃

本邑自学务发达、学堂林立后，各校学生，如遇参观别处校务，或赴运动会，或旅行等，例俱身衣校服，排队出行，闻鼓而进，异常严肃。以精神论，虽未悉其教育若何；以形式论，有足动人瞻视，发人景仰者。因绘是图，并作《整队歌》一章以志之。

《整队歌》：

“龙旗对对飘晴空，龟鼓声声逢逢。去大家开步走，劲旅将毋同。戟门灞上如儿戏，焉有斯军容。一路经行人注目，凛凛多威风。”

浮荡少年无事坐马车游荡之荒唐

西人皆乘马车办事，取其快捷，非游荡也。乃观于沪上之浮荡少年则不然，每日无所事事，俨俱包雇马车，往来于福州路、南京路、静安寺路等处，以示阔绰。久之逋负山积，其窘状不可告人。遂有偷质妻子衣饰，典卖祖宗田产，甚或出立“待父天年”等笔据者。良以逐日既包马车，则起居一切，势必处处豪奢，事事恣纵，必致来源不给之故。因作是图，并代拟《待父天年券》一纸，愿为若辈作当头棒喝。至因有事乘坐马车，及偶一逢场作戏者，不与焉。

《待父天年券》：

“立待父天年券，包灿垣为因花用，今央中借到□钱处银洋不计，并无信物抵押，他日愿以家中所有田房屋产、衣饰器皿、祖宗坟墓一切归偿。惟现时因老父在堂，管理綦严，无从下手。故恳中保代为担保，待父天年之后，照券办事，决无异言。即使家资荡尽，衣食难周，流为乞丐，或作饿殍，亦所自愿。恐后无凭，立此待父天年据存照。□年□月□日，立据包灿垣，经中宋得光，借保龙渭吉。”

外国大衣与雪衣之比较

御寒之具，沪地向以雪衣为最，乃自外国大衣盛行后，而雪衣服者日鲜，上流社会中人，且有鄙夷之者。抑知雪衣之制，仿自官服之一裹圆，甚为大方。因绘是图，并作问答语，互为比较，而卒于和平解决之。

问答：

“问：‘外国大衣，有何佳处，乃令人争服之若此？’答曰：‘以此衣为西人所衣，故趋时者纷纷效尤也。’问：‘雪衣有何见忤于人处，而人乃鄙夷之？’答曰：‘因近日下流社会中人亦有衣此者，故为自好者所见屏也。’问：‘西人衣大衣，华人曷为学西人？下流社会亦衣雪衣，安足以浼上流社会中人？而上流社会中人遂鄙之？’答曰：‘华人事事学西人之皮毛，大衣亦皮毛之一也，安得不学？下流社会衣雪衣，虽不能浼上流社会，然恶莠乱苗，恶紫夺朱，则安得而不鄙？’解曰：‘时中之人，有时衣大衣，取其暖，有时亦衣雪衣，取其脱着之便。固不必学西人，亦不必鄙夷下流社会也。’”

冬令绅商学界各穿靴子之神气

靴子为衣冠时所用，平时穿者不多，惟近年每逢冬令，绅商学界咸取其暖而且便，于是自十月后以至正月，皆喜穿此，秃秃之声，几于相属于道，而穿棉鞋之人反鲜，是亦新现象也。因绘是图，并戏填《四字令》二阕。

《四字令》：

“天寒步僵。靴儿上场。满街秃秃声扬。似百官出堂。　　绒帮缎帮。红皮底光。切花格外趋跄。嵌三根软梁。”

“棉鞋失风。乌靴运通。穿来一等名工。开风气大同。　　闲游意慵。奔波兴浓。摇摇摆摆途中。异破靴党凶。”

寒天妇女俱用臂笼之娇惰

自泰西妇女于办事之暇，每届冬令，或以皮制臂笼御寒后，中国妇女尤而效之。于是臂笼之制，亦月异而岁不同，有以翻毛为之者，有以丝绒海虎绒为之者。除晨起理妆、晚间安睡外，每日儿以此笼为玩具，而于做事一层，竟置不问。因作是图，并自白日一点钟至五点钟，戏仿《湘江郎》小曲以调之。

《湘江郎》：

“一点钟，风紧纱窗，俏人儿，坐在兰房，才罢梳妆，娘姨姆姆来说冷呀，冷呀冷难当，皮紧身，狐肷新镶，皮马甲，最好草霜，不短不长，穿上身躯怕呀，怕呀怕指冷。二点钟，风紧洋台，俏人儿，步出房来，笑把窗开，一阵风儿吹上身呀，身呀身难抬，指尖儿，冻得发呆，臂笼子，焐焐应该，双手相偎，覅做事体好呀，好呀好自在。三点钟，风紧门前，俏人儿，立在阶沿，微笑生妍，一个臂笼笼住手呀，手呀手纤纤，做针黹，花线懒拈，呒心想，吃枝香烟，写意难言，那肯将笼来撇掉呀，掉呀掉半边。四点钟，风紧街心，俏人儿，散步陶情，袅娜娉婷，臂笼双手笼来暖呀，暖呀暖沁沁，比手炉，无火更灵，比蜡球，无水尤精，花样真新，手搭手儿好窝心呀，心呀心儿定。五点钟，风紧归途，俏人儿，两手仍焐，不觉寒多，回得家来莺声唤呀，唤呀唤哥哥，吃夜饭，要个边炉，被头里，要个汤婆，莫怕噜苏，这样寒天才好过呀，过呀过得过。”

露天通事生意之寥落

沪上华洋杂处，商务素称繁盛，其间有一种无业之徒，彳亍街头，终年忙碌。遇新来之洋人，辄点头握手，如旧识者然。有时需购货物，则为之作导线，俟交易既毕，即向该号算给扣用，借资糊口。语时则操不中不西之音，谚谓之“露天通事”是也。此辈类皆从西崽出身，缘事被逐，不得已而遁迹其间也。近年沪市寥落，若辈生计亦渐艰窘，大有今不如昔之慨。爰戏拟俚词二绝，杂以译语，聊博阅者一噱。

“福林碎（租界）上去何之，东往西来另贵司（露天通事）。尾逐洋人呼密四（先生之称），别琴（杜撰英语也）满口却堪嗤。”

“的里温拖（三也一也二也）语未清，对儿（银两）大辣（洋钱）最关情。而今出息拿（不也）孤特（好也），能得几多康密生（用钱）。”

妓院逢节索客摆酒之缠绕

沪上各妓院，每届令节，有嬲客摆酒之举。向惟端午、中秋、立夏、重阳等日，近则清明、七月半、夏至、十月朝等鬼节亦俱有之，殊堪发噱。而前日为冬至夜，各院循“冬至大如年”俗例，竟尔无院无酒，无妓无酒。有不获者，则倩婢媪等觅客，无论公馆住宅、茶楼酒肆，靡处不到，缠绕不已，亦花界中之怪现象也。因作是图，并仿小报中有所谓《香谕》者，戏拟一通，借志梗概。

《香谕》：

“十一月初九日，暖阁奉《香谕》：冬至为大嚼令节，凡平日在院受恩人等，宜如何竭诚将事，以期无负栽培。乃竟有等不职之徒，或规避取巧，或肥遁鸣高，迹其怠忽自安，已属情无可恕，况复悭吝成性，尤为法所难宽。用特严申诰诫，尔等天良具在，应念入毛践肚之恩，务宜各自输将，切勿意存观望。如有借端规避，应由巡街女使一体拘交该院，责令加倍报效，毋任漏网。即由该巡街女使将此通谕知之。卿此。”

各省道地藥材

妇女冬令亦穿靴子之矫健

男子冬令喜穿靴子，前报绘之详矣。乃妇女近来每自十月后起，亦有竞喜穿靴者，此风以北市为盛。良以天足盛行之故，并刚健婀娜于一身，亦现象中之特别者也。缘绘是图，并戏填《步步娇》二支以志之。

《步步娇》：

“落日天寒平沙道，不见弓鞋俏。女儿家态忽豪，穿一对新靴，翻千年旧套。别有脚声娇，格吱吱满底红皮叫。”（前腔）

“绝似男儿身躯娇，信步游行妙。扭纤腰逸兴飘，喜不必鬟扶，笑无须郎抱。摆摆又摇摇，出风头半截观音好。”

沪北每届冬令火灾叠见之可诧

沪地人烟稠密，平日火患之多，固已甲于他处，而一届冬令，尤必层见叠出，令人防不胜防，钟楼报警之声，闻而丧胆。或谓无心失慎者半，有心纵火，图赔保险银两者亦半，其然岂其然欤？因作是图，并填《喝火令》一阕，愿居民触目警心，其各慎益加慎也可。

《喝火令》：

“火火传飞警，镗镗击乱钟。满天毒焰射云红。不道西边乍熄，转瞬又烧东。　　故纵应难恕，无心也不容。楼台一霎化成空。最怕风高日燥是三冬。最怕风高日燥，易肇祸重重。”

妇女冬令喜用围颈之飘逸

女界之用围颈御寒，自西女始，近则中国妇女纷纷效之。虽其制不一，有作披肩式者，有作三角形者，类皆以绒线结成，而以鸡毛制作长裘，悬挂项际者，风吹毛动，尤具飘逸之致。因绘是图，并作九字诗三绝，以状其媚。

九字诗：

“有美人兮风度何娟娟，制成围颈笑向胸前悬。西风飒飒不怕蛸蛴冷，低头喜见吉谶符团圆。”（右披肩式之圆围颈）

“五色绒线结成三角形，御寒系颈越显态娉婷。双肩护住更把酥胸裹，留将后背玉立影亭亭。”（右三角式围颈）

“谁把鸡毛制作细长裘，恰喜悬来香颈最轻柔。临风吹得毛片飘飘动，多道个人出得好风头。”（右鸡毛围颈）

旅沪客籍官绅之逍遥

沪上为消魂窟、不夜天，以是生沪长沪者，半皆不愿去沪，而客籍人之旅沪者，亦每有此间乐不思蜀之概。试观终岁外来官绅之作沪上逍遥，甚或置田买宅，竟愿终老是乡者，固安可以偻指计？因作是图，并戏拟《八音冠体诗》一首以记之。

《八音冠体诗》：

“金满行囊作寓公，石崇豪富惬游衷。丝纶笑谢臣才短，竹肉追欢子智雄。匏系一官谁复恋，土封三尺好图终。革除亲友遥通讯，木笔难抽异地丰。”

妓女改为跟局娘姨非花非叶之徜恍

自老妓薛宝钗以色衰故，改作青衣跟局后，各妓尤而效之，一时不下数十人。然初惟年逾花信者则然耳，近则竟有十八九女郎，亦俨然包一雏妓，已则退为房老，愿为此雏妓服役者。于是非花非叶，见者徜恍迷离，几于莫辨，是诚花世界之特别现象也。因作是图，并仿白香山《花非花》词三阕以调之。

《花非花》：

“花非花，叶非叶。引狂蜂，迷醉蝶。蜂狂叶底意迷离，蝶醉花梢情密切。”（其一）

“花非花，鸨非鸨。殢人娇，迎客笑。娇声滴滴唤阿囡，笑语频频呼大少。”（其二）

“花非花，雉非雉。马路跑，弄堂至。才看走过又奔回，甘作低三兼下四。”（其三）

妓女赠客小照之用意

自泰西摄影法盛行后，妓女莫不摄有小影，而尤好以所摄小影赠客。迹其用意，盖客获此小影之后，必时时展玩，可增无限爱情之故，《海上繁华梦二集》有句云：“小照是相思之影，先赠郎看。”窃谓深得三昧。因作是图，并倚《相见欢》二阕。

《相见欢》：

“有心送个人情。莫嫌轻。好把阿奴容貌、认分明。　　砑光纸，玻璃粉，拍来清。料得郎君一见惜惺惺。”（其一）

“相思欲寄何由。影儿留。算作亲身陪伴、在闺楼。　　镶镜子，供书案，挂墙头。钩起万千情绪思悠悠。”（其二）

剃头店冬令俱装火炉之阔气

冬令之用火炉，古人围炉夜话已有之，可知此风最久，然惟富家巨室耳。自外国煤炉风行沪地后，畏寒者取其利便，相率装置。近数年来，即剃头店亦一律装用，殊见阔气。因作是图，并戏成俗语诗四绝，以供阅者一哂。

俗语诗：

“扫青码子会排场，大冷天公冻勿僵。装只煤炉招主客，团团围住起锋芒。”

“进门便觉暖烘烘，薰得藤皮老脸红。沸烫手巾揩一把，外头勿怕发西风。”

“掇条凳子坐炉边，散发披头像热天。徒弟煤中兜个火，客人阿要吃香烟。”

“剃头完毕戳煤炉，飞起煤灰约约乎。捋臂捎拳刚摘背，连灰摘得骨头酥。”

妓女寒夜出局身衣斗篷之艳丽

斗篷一物，最是御寒，故男女皆乐用之。近日沪上时髦妓女，尤喜以艳色花缎或绉纱为面，洋灰鼠或洋狐肷等为里，制作斗篷，于寒夜衣以出局，令人见之，觉古人“貂裘夜走胭脂坡”之说，几乎反为胭脂坡中人写照，目光为之炫耀。因作是图，并倚《虞美人》一阕以记之。

《虞美人》：

“西风阵阵宵来紧，吹得花枝冷。斗篷一袭称身披，恰似借来花旦戏班衣。　　洋狐肷与洋灰鼠，足把寒威御。胭脂坡里走貂裘，莫认翩翩公子赏花游。”

保火险者放火图赔险银之狠毒

沪北每届冬令，火警必较常时为多，此中无心失慎者半，放火图赔保险者半，前报绘之详矣。惟是放火图赔险银，此种狠毒手段，实属令人发指。因再特绘是图，并念善谑者谓他处财神只有五路，上海则有放火图赔之故，财神当有六路，因戏作《祀六路财神疏文》一通，以抉若辈之心。阅者于读疏后，任情唾骂若辈，若辈当无辞以解也。

《祀六路财神疏文》：

“大清国江苏松江府上海县高昌乡某某庙界某某浜水居住，奉道幸灾乐祸，集害迎祲。信人某某暨合家眷等，恭露热中，拜于炎造，具词伏为。惟神职司火德，道秉离方。一炬可怜，回禄为冥司所重：万民生畏，禳灾有醮事之修。第念施当其厄，遇难适可成祥；是以迫而待焚，被祸惟恐不速。信人家无长物，何来儋石之储；室有险单，幸作巨金之保。非仗赤天兮焰发，曷能白地兮财来。用敢谨伸蚁悃，恭乞鸿慈。洋油灌处，楼板与栅栏径烧；稻草堆来，披屋与内房尽着。幸勿半途熄灭，西牢之禁锢堪虞；无使一物存留，南面之追赔不足。伏愿神其助我，大施部下之威；管他殃及旁人，惨贻邻家之患。谨意。”

益生
兩洋海味
閩廣洋糖

丧葬馈送花圈之新异

丧葬馈送花圈，向惟西人有之，以鲜花最为高洁，故特陈诸死者之墓，以表敬意。近则华人亦纷纷效之，试观大出丧，除各种仪仗外，必有花圈列入，即此可见。因作是图，并戏拟回文诗一绝，以觇风尚。

回文诗（读法：从“伤”字起，顺读得一首；从“烟”字起，倒读得一首）：

“伤心洒泪恨绵绵，吊祭凄凉暮雨天。荒冢献花鲜摘得，香云拂墓冷凝烟。”

“烟凝冷墓拂云香，得摘鲜花献冢荒。天雨暮凉凄祭吊，绵绵恨泪洒心伤。”

捕房押犯衣裤之特色

中国凡官署中收押人犯，罪重者只不准剃发，并无犯衣（虽戏剧中凡斩犯及发配之犯皆穿红衣，今已久废）。而捕房押犯则不然，除未经定案者不计外，若已判定禁押若干月日，概令穿一半蓝色、一半灰色之鸳鸯衣裤，以便识认而防逃逸，最为法良意美。因绘是图，并系以《凄凉犯》词一阕。

《凄凉犯》：

“凄凉押所。鸳鸯色、穿来一套衣裤。案情已定，日期须满，难求减恕。算来自误。叹囹圄身遭禁锢。欲归家、难行一步，镇日狱门杜。　　可忆闲居日，爱着新绸，厌衣粗布。任游任卧。痛如今，垂头闷坐。煞是羞人，这装扮无双入谱。要奔逃、定恐难逃，又被捕。”

吸烟人烟馆末日之沮丧

自明诏禁烟后，本月十九日，为西历一千九百零九年十二月三十一号，租界各烟馆一律禁闭之期。是日凡吸烟未戒者，犹至烟馆开灯，无不丧气垂头，异常凄恻，一若虑来日大难，无复有消遣处者。噫！鸦片为戕生之物，当此烟馆末日，我同胞念禁绝有期，宜若何欣喜，不意若辈犹作此态，是诚别具肺肠者。因作是图，并戏推若辈之心，作《梆子调》一支，非好为妄人说妄话也，盖欲妄人见之而深省耳。

《梆子调》：

“[上场白]啊哟，不不不不好了。[唱]租界上，禁烟间，今日为定。不由我，吸烟人，痛伤了心。想当初，到烟间，开灯过瘾。搁起头，跷起脚，吸吸停停。左一钱，右一钱，喝杯香茗。谈谈天，说说地，气爽神清。口中苦，买糖食，嚼来美品。口中干，买水果，甜味津津。过一天，是一天，管他要禁。那知道，今日里，烟馆关门。从今后，没烟抽，要了我命。看起来，再不戒，定要归阴。吸烟人，立起身，心中好闷。吸定烟，别烟间，长叹一声。这屋中，明日起，双扉闭紧。再没有，开门日，容我栖身。我只得，出烟间，泪珠儿滚。冷清清，惨凄凄，回转家门。[下场白]回去罢。”

男女手指竞带金刚钻戒指之炫耀

戒指一物，始于宫禁，凡妃嫔系以接驾者，王见之不复临幸，盖为暗表月信而设，非妇女所宜恒系，遑论男子。自近世误作为装饰品后，于是男女皆乐用之，而上海则更喜带金刚钻戒指，取其一举手，异常耀目。虽真伪错出，而其炫人之心则一，竟有以手无此戒为羞者。因绘是图，并戏仿孟子语，作《新孟子》二则，以博一粲。

《新孟子》：

"戒指曰：今有棒槌之指，垂而不伸，非筋骨害之也，如有能伸之者，则不惜金银之费，为指之不若人也。指不若人则知恶之，品不若人则不知恶，此之谓不知耻也。"（右男）

"戒指曰：今有柔荑之指，缩而不伸，非皮肤害之也，如有能伸之者，则不吝金珠之易，为指之不若人也。指不若人则知恶之，貌不若人则不知恶，此之谓不知丑也。"（右女）

張松雲

巡捕拘拿乞丐之认真

乞丐沿街求乞，虽属可怜，而阛阓中忽有此衣衫褴褛者出现，或向铺户哓哓，或向行人喋喋，既足取厌，亦非繁盛市区所宜出此。故租界捕房禁令甚严，如遇乞丐，必令巡捕驱逐，有不服者，拘送捕房收押，亦清除街道之善政也。因绘是图，并填《一络索》词二阕以志之。

《一络索》：

“车水马龙闹市。何来化子。鸠形鹄面状难看，恰活鬼形容似。此地不应尔至。合当禁止。忽看蹀躞在街头，喊一声拿字。”（其一）

“谁道穷途无奈。才为乞丐。看他鸦片吸来多，说甚无钱堪怪。此是泼皮无赖。沿街扰害。一齐捉净地方清，真令人称快。”（其二）

冬令翻毛马褂之埋虎

沪俗每届冬令，喜穿翻毛马褂之人甚多。因绘是图，并戏拟《十件马褂》小曲。惟记者有时亦穿翻毛，则曲中有嘲谑语，不啻自甘受谑也。呵呵。

《十件马褂》：

“第一件马褂草上霜，别名又叫青种羊，满身钉子螺蛳肉，缩来越紧越锋芒。第二件马褂是貂皮，三品前程不为低，幸亏上海无交代，任凭摆阔不查伊。第三件马褂是玄狐，穿在身上塌塌铺，看他异样毛头厚，焐得胖子骨头酥。第四件马褂是窝刀，乌油滴水毛片高，乡人看见勿识货，倒说像煞煨灶猫。第五件马褂是干尖，排头齐崭值铜钱，出门碰着近视眼，误认条头糕最甜。第六件马褂猞猁狲，反穿有点猢狲形，拎着鸟笼街上走，猢狲拎鸟是奇闻。第七件马褂貂耳绒，一半都是灰耳充，灰耳当作貂耳卖，皮货客人那会穷。第八件马褂洋灰鼠，灰拌漉秃啥讨趣，好像老人刘海发，半花半白一缕缕。第九件马褂是紫毛，毛有银枪最算高，宛如碰着芦柴担，黏得芦花身上牢。第十件马褂紫羔皮，翻毛起码勿希奇，黑羊一只街头过，牧童看见笑嘻嘻。”

妓女在张园拍照之高兴

照相之法，昉自泰西。西人于格致之学最为注意，其摄影则根据光学；其显影、定影悉用药水，则又根据化学。比年以来，日益进步。即缩小如累黍，放大至寻丈，无不须眉毕肖。沪上之业照相者，依最近调查，竟达四五十家，可谓盛矣。而每当春秋佳日，青楼中人喜至张园摄影，取其风景优胜，足以贻寄情人，视为普通赠品。爰戏拟《新四季相思调》，为若辈传神，想亦阅报诸君所乐睹乎。

《新四季相思》：

“春季里相思艳阳天，我的郎呀作客在天边。拍一个照儿寄郎看，手执兰花朵朵鲜。郎呀请看奴的雪白脸，可比去年圆？”

“夏季里相思荷花儿香，我的郎呀作客在他乡。拍一个照儿寄郎看，手携小扇独乘凉。郎呀请看奴的小身材，可比去年长？”

“秋季里相思桂香飘，我的郎呀相隔路迢遥。拍一个照儿寄郎看，蟾宫仙子比苗条。郎呀请看奴的面庞色，可比去年娇？”

“冬季里相思腊梅开，我的郎呀作客不回来。拍一个照儿寄郎看，无言斜倚一枝梅。郎呀请看奴的新姿态，可许中花魁？”

戏园案目年终拉局之闹忙

沪上各戏园案目，每届年终，除礼拜六夜外，例得拈阄拉局一次，即俗呼为“打野鸡”，而若辈则美其名曰“请客”。其晚由该案目发帖，遍请平日看客，并备果点，及以腊梅花扎成平升三戟及仙鹤、元宝等，陈设桌间，借以娱客，甚有踵事增华，于包厢中悬挂花篮，并燃点药水灯者。故客于戏资之外，必另给赏洋若干，各案目借此堪谋卒岁；客或不赴，亦必给洋一二元不等。盖以一年只此一次，若辈既望门而来，未便不费分文也。此种现象，他处戏园或有或无，而以上海为首屈一指。因绘是图，并作《笛腔四平调》二支，以志热闹。

《笛腔四平调》：

“一年子格一度末抽抽子格丰，案目请客闹哄哄。少爷照应点，老班阿有空？今朝子终要卖面孔。少爷倷勿来勿成功，老班倷勿来摊奴铳。”（其一）

“包一间格包厢末请请奶奶们，包一张正桌请客人。果点摆端整，台花香喷喷，再点两盏药水灯。我的少爷吓，排场阿是勿离经？我的老班吓，搅落两钱阿该应？”（其二）

烟馆闭歇后拍卖生财之畅快

西历一千九百零十年正月一号，即华十一月二十日，为上海各租界禁闭烟馆尽净之期，数十年害人陷阱一扫而空，殊为畅快。而各烟馆将所有生财杂物，一律减价拍卖，从此永不复开，则尤为畅快中之畅快。因作是图，并填《促拍丑奴儿》一阕，以志庆幸。

《促拍丑奴儿》：

“毒窟几多年。诱同胞、癖嗜洋烟。芙蓉孽障而今灭，拆除炕榻，搜罗器具，拍卖铜钱。　　减价贴门前，说什么、亏本堪怜。枪灯若使无人买，不妨劈掉，尽堪捽碎，壁脚来填。”

小酒馆小酌之闲适

沪上小酒馆之多，不可以偻指计。偶遇亲朋小饮，戚友谈心，颇觉别有一种闲适之致。近日烟馆已闭，入此室处，尤足为消遣之资。因作是图，并集唐宋人句，得《玉漏迟》词一阕，以志佳趣。

《玉漏迟》（集唐宋人句）：

“止参横月小（赵以夫《孤鸾》），醺醺倚醉（周密《月边娇》），翠樽颠倒（晏几道《泛清波摘遍》）。暗想平生（晁补之《迷神引》），世累苦相萦绕（元好问《玉漏迟》）。几曲阑干遍倚（无名氏《鱼游春水》），偏暗触、天涯怀抱（王沂孙《三株媚》）。天渺渺（史达祖《换巢鸾凤》）。剪灯人语（张炎《珍珠帘》），自疏歌笑（吕渭老《醉蓬莱》）。　好景空饮香醪（柳永《望远行》），且莫羡流霞（胡浩然《东风齐著力》），花秾枝好（柳永《小镇西犯》）。海角逢春（李甲《帝台春》），何处醉迷三岛（尹鹗《满宫花》）。最好金貂换酒（秦观《望海潮》），拚酩酊（侯寘《四犯令》）、漏催壶晓（姜夔《秋宵吟》）。恁烦恼（柳永《隔帘听》），潦倒秃翁同调（黄庭坚《离亭燕》）。”

小挑膏店之乘机出现

沪上烟馆林立之日，虽另有挑膏店，专挑烟膏，不售灯吸，然并不甚多。近缘烟馆一律禁绝，租界挑膏，尚无专卖定章，于是纷纷改设膏店，甚有赁屋小半间，似摊非摊，似店非店，而高挂市招，居然雇用清音开市者。此上海社会之最新现象也。因作是图，并用全平声成五古一章，以志状概。

全平五古：

“洋场烟灯无，何方洋烟呼。堂倌成饥鼯，东家悲穷途。乘机将房租，悬牌公班沽。斯时堪由吾，章程犹模糊。虽嗟生涯枯，还能将财图。只须三椽庐，休憎装修粗。家家开门初，喇叭乌都都。”

小洋货店带卖春药之荒唐

售卖春药，向干例禁，故上海各药房、药肆颇知守法，俱无此物。乃近岁小洋货店中，时有借卫生种子为名，于窗间粘贴字条，公然寄卖者，然其名目妖艳，固令人一望而知。是亦社会中之特别现象也。爰作是图，并填《巫山一段云》词一阕，窃冀有风化之责者，见而加之意焉。

《巫山一段云》：

“种子何来药，生春恰有丹。艳名写出贴窗间，夺目动人看。　　既寄何妨卖，严惩不怕官。诱人忘命只贪欢，尚说卫生丸。”

老妇艳妆之丑态

沪地繁华甲天下，故妇女每喜修饰。少妇及中年妇无论矣，所最奇者，五十以外之老妇，竟有浓涂脂粉，满插花枝，并喜服浅色之衣，艳色之裤，不自知其满脸皱纹、丑态百出者。爰绘是图，并戏填《长命女》词一阕以讽之。特老妇见之，不知当若何怒我也。呵呵。

《长命女》：

“真绝倒。长命婆婆忘却老。偏喜装娇俏。　　粉抹双涡嘴瘪，花插猫头发少。称体衣裙空窈窕。只惜鸡皮貌。”

包饭作挑送饭食之便当

上海北市以地狭人稠、房租昂贵之故，各店铺类食包饭，不设厨房。而包饭作乃遍处皆有，每于午刻及傍晚时，纷纷挑送。虽肴馔断不能精，而其便当有足取者。因绘是图，并戏集菜蔬名，得七律二章，以状大略。

集菜蔬名七律：

“淡饭黄齑满担挑，粉干汤冷豆芽焦。瘦鸡老鸭何其硬，蛋汁鱼油不可撩。七八只虾稀落落，两三片肉薄枭枭。只余豆腐还堪吃，咸菜烧来滋味调。”（其一）

“偶然有碟炒三鲜，紫黑鱼圆与肉圆。绷硬海参筷上跳，风干笋片碗中蜷。生葱打结红汤浸，苦菜加盐白汁煎。那得羊蹄与牛腿，浓油赤酱送来前。”（其二）

小流氓抢夺送饭担上余食之强横

沪北有包饭作，各店号每吃包饭，取其挑送之便，昨报言之详矣。而饭作伙当送饭后，收取碗盏之时，路上有等似丐非丐之小流氓，散伏小弄一带，拦住担子，将所有余食抢取一空而去，有不予者，大肆强横，必致碗碟碎尽始已，饭作伙皆不敢与较，亦上海下流社会中现象之特别者。因作是图，并系以《新笑话》一则，借博阅者一粲。

《新笑话》：

“一饭作伙向店家送饭归，途遇流丐，抢取担中食剩之物。饭作伙不予，曰：‘我见世上只有抢羹饭人，那里有你这般抢残饭的？’流丐答之曰：‘抢羹饭是夺鬼食，我辈抢残饭是夺人食，不予，休想将担挑回。’正争持间，饭作伙之妻适过其地，骂流丐曰：‘你们三分不像人，七分不像鬼的，怎想饭吃？快些各散，不则莫怪老娘以竹笋和肉饷汝。’流丐闻而大哗，群向此妇为难，几致撕破衣衫。妇乃大窘，呼其夫曰：‘你把担子中的东西一概给他们罢。他们方才尚像是人，如今竟要做狗，不给他些残食，要来抢老娘的馒头吃了，你舍得么？’”

天津漢口蕪湖寗波
北京嘉興無錫杭州

私塾蒙师之鄙陋

沪上私塾之多，不可以偻指计。近虽教育改良，学堂林立，而此辈犹遍处皆有。其所谓蒙师者，类系粗识之无、毫无程度之人，以故塾中子弟之功课一切，殊不可问。而入其门，咿哑嘈杂，跳跃叫号，更有令人不可以言语形容者。因绘是图，并填《师师令》一阕，为蒙师写照。若辈应在天然淘汰之例，窃愿有学务之责者，尚其于此加之意也。

《师师令》：

“先生何许。有高徒从汝。连篇别字教来忙，更可恶、点成破句。敲台拍桌闹纷纷。似六神无主。　　聪明子弟遭君误。真罪难轻恕。这般一个猢狲王，偏有脸鼻比高踞。有朝淘汰将君去。料啖饭无处。”

雉妓瞥见巡捕之慌张

雉妓每至宵分，沿街拉客，曾详前报图中。然拉客之禁，捕房綦严，以是各妓瞥见巡捕，仿佛惊弓之鸟，无不纷纷畏避。若见西捕尤甚，恐一经被逮，非罚锾，即发堂，甚或递籍也。因绘是图，并戏仿京腔《四平调》一支，以志现象。

京腔《四平调》：

“巡捕来了，巡捕来了，吓得野鸡弄内飞跑。人中直吊，魂灵出窍，鳖脱高低也要奔逃。华捕还好，印捕还好，只怕西捕瞧见难饶。捕房传到，公堂解到，违章有罪，犯了法条，罚钱犹小，发堂不妙，若打递解，更是难熬。眼睛一瞟，嘴巴一翘，钻进鸡窝，快些溜掉，快些溜掉。”

妇女身披法衣入庙烧香之奇怪

愚夫愚妇，迷信鬼神，已不值识者一笑。而尤可怪者，莫如妇女身披法衣，入庙烧香一事。大率妇女之佞佛者，每喜拜僧为师，拜师后遇佛诞一切，例穿法衣，于是烧香之时，亦习用之。年老者姑不具论，乃尽有青年少妇，而亦腆然出此者。因作是图，并题《女冠子》一阕，想我佛有知，未必曰罪过罪过也。

《女冠子》：

“如痴如醉。拜个大师忏罪。愿参禅。一袭衣无垢，三生佛有缘。领松香颈露，胸袒玉肤妍。欲习无遮法，老僧传。”

巡捕拘拿犯人时后随多人瞎跑之可笑

沪上人烟稠密，地方每有一事，必有多人环聚窥视，殊属令人莫解。尤奇者莫如巡捕拘拿犯人，其人苟非犯之戚友，宜乎其不相闻问矣，乃一见之下，亦必蜂拥尾随而去，逮乎一至捕房，巡捕必阻不使入，一无所见而返。是则吹皱一池春水，究竟干卿底事，而乃若是之不惮劳耶？因绘是图，并拟谜语四则以谑之。

谜语：

“欲问云长公，何为心郁郁？”（吴谚一，关倷啥事）

“白将军长平之战，杀敌致果。”（吴谚一，起劲得来）

“师旷辨音精度曲。”（俗语一，瞎和调）

“唐有程知节，宋有莽牛皋。福将归神日，含欢返碧霄。”（俗语一，笑煞人）

消夜馆伙顶盘送菜之蹊跷

沪北最多消夜馆，若辈皆粤东人，所售之菜，有最著名之腊肠、牌骨、鲍鱼等类，而尤以冬令之边炉鱼生，更为人所嗜食。馆伙每逢有客叫菜赐送时，必将菜盘顶于额上，于是边炉中火星直冒，竟若从人脑际出者，现象之奇，莫奇于是。因绘是图，并以“消夜”二字习用“宵夜”之讹也，因作《消夜考》以证之。

《消夜考》：

“消者，消遣之谓也；夜，暮夜也。曰消夜者，盖借酒榼以消遣此暮夜也。乃俗人不察，以消夜馆之酒食，必自宵分始，故曰宵夜。各消夜馆之招牌，因习用之。其实宵即夜也，孰取是名，几乎不贻关门、闭户、掩柴扉、千百年非一日兮之诮。粤中不乏通才，曷至于是？或谓‘宵夜’二字，乃取古人‘夜夜元宵’之义，亦有所本，然‘夜夜元宵’四字连用固佳，仅用‘宵夜’二字，我以为仍未见其可，不如‘消夜’之名之恰合也。”

杏花樓
東合興
張松雲

沿街小贩被巡捕驱逐之慌张

租界定章，凡肩挑步担之小贩人等，只准在小菜场贸易，不准沿街设摊歇担，如违拘罚不贷，禁令綦严，盖为清除街道起见，固应尔也。乃各小贩只图觅利，每多阳奉阴违，于是倘为巡捕所见，必加驱逐。若辈狠命奔逃，迟恐被拘，且虑摊担等为捕掀翻，转致费事。其情可恶，其状亦复可怜。因作是图，并填《浪淘沙》一阕以哀之。

《浪淘沙》：

“何事太匆忙。小贩心慌。摊儿担子尽收光。只为查街巡捕到，恐究违章。　脚步好踉跄。进退彷徨。蝇头难觅暗凄惶。悔不菜场捐照会，交易堂皇。”

报馆晨起卖报之拥挤

沪上自风行报纸后，以各报出版皆在侵晨，故破晓后，卖报者麇集于报馆之门，恐后争先，拥挤特甚，甚有门尚未启，而卖报人已在外守候者，足征各报消畅之广。爰绘是图，并戏集各报名，成《霜天晓角》词一阕。

《霜天晓角》：

“新闻满纸。纵览皆时事。莫怪风行中外，不但在、春申市。　　神州朝旭始。莫放时光逝。盛会竞言劝业，有图画、传神似。”

痴汉驻足戏馆书场门首翘望之可哂

沪北多戏馆书场，而戏馆书场之门口每多痴汉。何谓痴汉？欲看戏听书，则欲入径入耳，乃若辈皆环聚门首，呆视戏牌，去则不忍，入则未必，一若别有赏识者，可哂孰逾于是。因绘是图，并戏拟《新乐府》二章以讽之。

《新乐府》：

“痴汉痴汉从何来，书场戏馆间徘徊。徘徊不敢入门去，门前鹄立呆打孩。呆打孩，足缩缩，擦擦眼睛看戏目。口中喃喃若有词，戏目念来将烂熟。”（其一）

“书场戏馆非官衙，奈何尔辈将班排。看客纷纷大门入，何为尔辈犹在街。街头车辆密如织，尔辈人多容不得。可怜一个不留神，扯碎衣衫撞破额。”（其二）

茶園
小叫天
孫菊仙
小子和
二進宮

茶坊酒肆年终做押款之闹忙

沪上每届年终，必有一辈作中为业之人，希得中利，声称代做货物、地皮、房产押款，相聚于茶坊酒肆间。某言我有银根，某言我有货根，终日营营，一若此事之成，不费吹灰之力者。逮至转辗交涉，或则有银无货，或则有货无银。而所议乃卒成画饼，可笑孰甚。因绘是图，并以此辈做事之竟如水中捞月也，戏填《西江月》词一阕以调之。

《西江月》：

“乌有子虚本领，瞎三话四神通。茶楼酒肆闹哄哄。多想中金分用。那有田房货主，何来殷富财东。到头终是一场空。年夜盘缠难弄。”

乞丐年终乔装乞钱之丑态

沪地每届年终，有等乞丐扮作招财泥神，或打春之春牛，或以稻草作眼镜戴之为乌龟，或手持冬青柏枝为摇钱树，或以黄纸包砖头一块为金砖，或以红纸裁旗为报子，或以空草纸包并鸡毛等，作为送礼仆役，挨户以吉语乞钱。人恶其喧扰也，皆笑予之。此风向以南市及城中为盛，租界则因巡捕驱逐，往往不敢涉足。是亦急景凋年时之怪现象也。因绘斯图，并忆昔人有以长短句戏题《丐趣图》者，师其法作《丐趣歌》。

《丐趣歌》：

“腊鼓咚咚岁将暮，乞儿难把残冬度。丐钱异想忽天开，各把奇形怪状做。沽招财，到门来，开翁好把金手开。夹忙头里泥神跳，不顾邋遢但想把钱要。开翁生意一年好一年，请看五颜六色春牛牵。拾把稻柴作眼镜，愿做开眼乌龟只要得钱能活命。摇钱树儿摇一摇，发财开翁给个钱儿轻飘飘。蜡黄金砖糊一块，挨家一个钱儿换。报报报报报子来，给个钱儿预报开翁明年大发财。鸡毛草纸将礼送，给个力钱随轻重。呜呼中国之穷真可怜，乞丐现形纷乞钱。安得教养有方使民富，休令今年如此复明年。”

妓院邀客吃司菜之乏味

沪地妓院俗例，每届三节，必以鱼翅、火腿、鸭子、鲜鱼等菜四碗，嫐客往食，曰“吃司菜”，客犒以六洋、八洋、十洋不等。旧例四洋，今递加矣。其实此等菜肴，不堪适口者多，且尽有前客食过，添配一二肴，复饷后客，以博犒金者。因绘是图，并以各菜之每难下箸也，戏填《醉花间》一阕以谑之。

《醉花间》：

“红鱼翅。白鱼翅。鱼翅牙签似。滋味一些无，绷硬弹牙齿。　　鲜鱼前日死。火腿汤如水。谁言鸭子肥，皮韧如绵纸。”

年节亲友担盘送礼之忙碌

沪俗每届三节，戚友有担盘送礼，以表敬意之举，而以年节为尤盛。其实彼送至此，此送至彼，无非令下人多获盘犒，主人未必以送来之物快我朵颐也。因作是图，并填《送入我门来》词一阕，以摹写社会年终之现象。

《送入我门来》：

“腊肉鲜鱼，风鸡火腿，茶叶更搭年糕。送与人家，装个担来挑。残年戚友将心尽，看连日佣奴把腿跑。说东人有意，必须收受，休要推拗。风俗年年似此，轻重家家不等，也有鸿毛。橄榄花生，几个小蒲包。半篮福橘麻而烂，更一瓯风糕硬又焦。尽移来送去，力钱盘犒。一样开销。”

书场年节会书之诙谐

沪上各书场，每届年节，向有说会书之举，凡柳敬亭一流人之在沪者，无论大书、小说，一律登台奏技。至其所说各书，类取耐人谛听、动人欢笑为主，故无不诙谐百出，与平日之书有异。而座上客满，亦较平日为多。因作是图，并戏仿若辈口吻，说《新封神平话》一段，以博爱听会书诸君一噱。

《新封神平话》：

“哪咤三太子，在乾元山乱石阵内，被石矶娘娘追得走投无路，急踏风火轮，逃至下界。来到上海地方，恰遇见了一辆脚踏车，正像他风火轮一般的快，喊了一声‘阿呀’，回头再跑。又撞见了一辆汽车，暗想这东西比姜子牙骑的四不像跑得还快，而且放出来呜呜的气，比哼哈二将更狠，他若追来，我命休矣！因又踏动风火轮飞跑，恰又碰到了一乘电车，当当的迎面驶来。哪咤听作是殷郊的落魂钟，虽然自己莲花化身，不怕着他，究竟避开的好。这时电车已到，见他走得好快，暗想这样跑法，恐张奎、土行孙也追不上来，真好厉害！后来又遇到了一辆火轮车，行动时烟焰蔽天，眼见得火焰驹还及他不得，不觉瞧出了神，说上海怎么有这许多宝贝？其时忽来四个身高体大的印捕，哪咤认作魔家四将，手执闻太师的打神鞭，会同拿他，怎敌得住？顿时大吼一声，把风火轮离地一窜，仍想逃往上界，不料恰又碰在电线上面，几如遇到了惧留孙的捆仙索，将他捆住，哪咤大喊‘师父救我’，不晓得他的师父太乙尊人来救或不来救。我假说书的完了，等真正说《封神榜》的将来说罢。”

妓院起手巾讨赏之涎脸

沪上妓院俗例，客至必由佣妇敬献烟茶，并送手巾。惟逢三节将届，则手巾皆由相帮承值，个中人谓之为“起手巾”，借向狎客讨赏。客赏以八元、十元、二十元不等，至少六元（昔仅四元），名“下脚洋钱”。相帮得此，与各龟奴及房中佣媪等分拆。故客多者，每节所获，亦颇不赀。因绘是图，并仿《凤阳调》作《起手巾山歌》一支。

《起手巾山歌》：

“茶勿来，烟勿来，送把手巾揩起来。手巾今日相帮送，只因节到想发财。体面客人二十块，八块六块起码盘。蹩脚厚皮无钱赏，一啥勿啥阿坍台？”（其一）

“说坍台，覅坍台，空心大少勿应该。日朝进出摇摇摆，为啥今朝甘倒霉。大少终要装场面，钞票洋钱摸出来。贼脱嘻嘻谢一谢，见钱个个眼睛开。”（其二）

愚民送灶之迷信

俗传每年十二月二十四日，为灶神上天奏事之期。以是居民俱于二十三日晚（亦有于二十四者），备纸轿一乘（乡人或用竹油盏以纸糊之，谓为“显轿”），并汤圆、三果等物，竭诚叩送，欲乞灶神登天奏喜。愚民之愚，殊为可笑。因绘是图，并戏代灶君作道情一曲，以醒斯世。

道情：

“残年急，灶神忙，离东厨，上天堂，大家怕我封章上。一肩纸轿纷纷送，几个汤圆饱饱尝。香烟缭绕黄边响，还供些慈姑地栗与着那三果饧糖。”（其一）

“醉司命，笑呵呵，讶世人，太糊涂，大家何必来求我。平时只要存心好，今日虚文不在乎。磕头祷告真何苦，似你们这般举动反令我觉得噜苏。”（其二）

居民年终谢年之热闹

沪俗居民，凡非奉教之家，每届年终，无不以香楮酒醴酬神，名曰“谢年”。虽开通素著之士夫，亦有格于家人父子之意，为习俗所移而不免者。因绘是图，并拟《谢年颂》，为《上海社会现象》之结束。

《谢年颂》：

“于维社会，风俗相延。岁星一周，礼隆谢年。以答后土，以祀苍天。聿求福泽，百福来骈。聿求寿考，百岁龄延。聿求儿息，瓜瓞绵绵。聿求财帛，富有金钱。鳏生作颂，见解独偏。愿颂立宪，获福无边。往日已矣，有如逝川。自今日始，努力着鞭。国民进步，学识完全。破除迷信，旧俗胥湔。”

上、海、新、年、之、现、象、

兜喜神

鸡鸣烧罢岁朝香，马路熹微透曙光。挈姊呼姨趋吉利，大家兜个喜神方。
烧过西边又向东，人丛来往太匆匆。近来女伴多天足，绝少弓鞋一捻红。
行尽街头转个弯，娇嘘无力态姗姗。西风蓦地吹来紧，怕揭衣裙唤小鬟。
游倦归来满面春，果盘花烛一时新。今朝有个开盘客，便把郎君当喜神。

接财神

香烟结篆烛生花，百子高升震耳哗。天上财神有多少，下方迎接遍家家。
三牲全副供台陈，沐手虔斟酒一巡。另外献盆活元宝，鲤鱼两尾耀金鳞。
锣鼓声声响不停，万家聒得梦都醒。这般喧扰人难耐，不信神明反爱听。
衣冠济楚礼趋跄，翎顶辉煌气概昂。莫道虚衔无用处，拜神今夜有威光。

推牌九

新正说道赌无妨，牌九纷纷共上场。三十二张掳一过，有钱各想做头庄。
当台骰子记分明，宕角须教摆得清。更莫道头乌搭搭，黄黄崭崭算输赢。
失风牌九要留神，记记须防出活门。打得一条龙结滚，庄家输了没翻身。
还劝诸公莫赌钱，安安稳稳过新年。赢时须想输时险，两手空空实可怜。

掷骰子

骰子丁丁掷几盆，新年消遣跳猴狲（掷骰名）。家庭到底输赢小，切莫贪赢浪出门。

难赶无过是老羊（掷骰名），若差一点没商量。不如九十三（亦掷骰名）豪气，通吃通赔爽异常。

升官图与状元筹（升官图、状元筹亦皆掷骰名），绝好书房赌品幽。却讶改官废科举，旧时玩意已全休。

五子全盆（俱骰色名）最好看，赢钱分外觉心欢。莫将幺二三（亦骰色名）连掷，手色不佳停几盘。

开果盘

大少新年开果盘，喃喃吉语听来欢。今年交着南方运（南瓜子），元宝（橄榄）真多赚不完。

开口和合（西瓜子）瓜瓞绵，长生不老（花生）寿无边。早生贵子（枣子、桂圆）真难得，连连牵牵（莲肉）说一篇。

貌亲热热（熏青豆）暮朝朝，甜甜蜜蜜（冰糖）艳福饶。更把点心双套进，高高兴兴（年糕）赚金条（春卷）。

起码开销十六元（按前数年仅十元、十二元），廿元体面谢声喧。再加四数成花信，阔少何妨三十番。

开台酒

恭喜新年万事新，新欢旧好宴新春。请郎吃席开台酒，便好开台百戏陈。

相帮大帽戴红缨，鱼翅盆儿手内擎。屈腿高呼元宝到，小龟叫出老猫声。

烛台一架菜花铜，华烛高烧两炬红。不用香炉用福橘，四支安息插当中。

宴罢开销下脚洋，一番（向例下脚每台四元，近已增至五元，开台酒双下脚，须十元）锣鼓响叮当。双台加倍何消说，大少今朝有面光。

放炮仗

炮竹声声岁序新，不驱山魈却迎神。神明听见呵呵笑，耗费金钱笑世人。
还是儿童讨喜欢，买来月炮放云端。一声响出团圞月，眼笑眉花拍手看。
偶向庭心放九龙，满天鳞爪火云红。只虞误坠茅庐上，风卷茅龙一炬空。
绝妙花筒放几枚，庭心璀璨万花开。银花火树分明似，满地春从顷刻来。

敲锣鼓

锣鼓声声打十番（锣鼓名），兴浓不厌耳根烦。新年也算升平乐（锣鼓名），鼓吹休明比户喧。

跳加官（锣鼓名）与跳财神（锣鼓名），敲得锣儿最要匀。勺勺鼓声转走马（锣鼓名），戳枪剑（锣鼓名）紧要留神。

敲套京班大闹场（锣鼓名），三圆场（锣鼓名）罢鼓声扬。掇包（锣鼓名）操手（锣鼓名）锣须揿，杀散（锣鼓名）完场手莫慌。

别有龙船（锣鼓名）韵较幽，夕阳箫鼓（锣鼓名）画船收。鼓声煞住阴阳门（锣鼓名），翻套承平如意头（锣鼓名）。

请年酒

爆竹声中岁一新，家家樽酒宴芳春。虽无海错山珍馔，也发知单请客人。
隔年鱼肉隔年鸡，六碗拼来一桌齐。尚少暖锅无物放，海参煮烂宿羊蹄。
热炒须将六碗装，碗中一半是清汤。点心炒面真便当，配碟年糕煎得黄。
十二回千桌上陈，四干四水四荤盆。吃完要带儿孙福，折倒携归不许存。

游花园

及时行乐古今同，新岁园林淑景融。结伴往游清兴足，车如流水马嘶风。

出门先到味莼园，燕语莺声聒耳喧。安垲第中闲品茗，红嫣紫姹胜桃源。

愚园最好是滩簧，弦索琤玑正上场。听到新年改良赋，步青不到步云忙（林步青、林步云皆以善唱滩簧得名）。

冷落城中古豫园，湖心亭畔水潺湲。无多茶客凭栏望，不见满城车马喧。

闹龙灯

满街锣鼓闹龙灯，片片龙鳞耀彩绫。此是元宵好风景，烛龙万道焰腾腾。
灯影参差月影娟，灯花灿烂月团圆。嫦娥月里应偷眼，可有乘龙婿上天。
金吾不禁漏频催，银烛光中倦眼开。不是龙灯能照夜，如何舞出玉人来。
一年灯事属元春，也算升平景象新。挈姊呼姨上街去，看灯人看看灯人。

迎紫姑

小姑酷信紫姑神，门角欢迎问答频。佳节难逢正月半，新年韵事属闺人。
饭箕一朵插鲜花，箕上红绸帕子遮。迎到画堂叩休咎，恐姑口渴奉香茶。
金钗一股颤巍巍，划出花纹满纸来。绝似扶鸾说仙气，钗痕认作笔花开。
红烛两盏照回廊，贴地荧荧耀烛光。灯上状元夸及第，几疑夫婿状元郎。

走三桥

正月半夜走三桥，笑把邻家姊妹邀。携手姗姗过桥去，凌波微步不胜娇。
一桥才过一桥连，步步高升直到巅。难得良宵风景好，一行一步一流连。
行行已至第三桥，桥下潺湲涨暮潮。倩影欲临春水照，故凭桥槛俯纤腰。
归途笑指月光寒，此月应教阿姊看。莫使姊夫嫌寂寞，早回好供月团圞。

看灯戏

花灯看罢戏园行，灯节新排灯戏精。戏即是灯灯即戏，是灯是戏不分明。
出名共说斗牛宫，新舞台中大不同。台阁高跷加戏法，出神入化最精工。
洛阳桥戏好如何，灯彩重重变换多。三十六行桥上过，引人发笑凤阳婆。
近来彩戏日翻新，即使无灯已得神。有彩有灯神更足，眼光忙煞座中人。

打灯谜

春灯谜语耐人猜，斗角勾心细射来。却笑糊涂门外汉，瞎猜绝不怕坍台。
广陵十八格新奇，妙手成来格格宜。谜面果能多贴切，定知谜底不能移。
新名词谜最鲜新，科学方言难煞人。枉却身旁多夹带，翻来检去没来因。
古文不熟五经荒，若系唐诗更尽忘。还是四书容易想，一猜一着喜洋洋。

跑马车

一年难得是新年，结伴游春快着鞭。车水马龙飞也去，若非酒地即花天。
福州路上笑兜兜，兜过茶楼与酒楼。起码三圈来复去，人人看见出风头。
味莼园里闹盈盈，去去看花最有情。却恨途中偏寂寞，同车不许坐瘟生。
愚园虽远亦须临，得得蹄声耳畔侵。人自欢娱马偏苦，浑身跑得汗淋淋。

开市酒

度岁家家贸易停，屠苏连日醉难醒。匆匆倏已新年过，开市华筵设正厅。
拜罢财神喜气浓，旺鞭一串烈轰轰。今朝宾主无拘束，尽兴何妨酒不空。
四喜三元快发财，当筵拇战把拳猜。十分财气斟须满，不怕杯中溢出来。
今朝醉后各经商，饭酒明朝只帐房。小伙学徒休纵饮，恐教共把职司荒。

梅花会

梅花先报早春来，大好名园盛会开。只为孤芳能拔俗，人人都要看花魁。
冰肌玉骨见精神，萼绿葩红尽可人。万卉低头少颜色，独教占得满园春。
曾闻和靖娶梅妻，惹得诗人笑品题。今日会中梅百本，有人可要赋眉齐。
从来梅雪要争春，偷白输香笑煞人。寄语雪衣人莫看，恐梅见面要生嗔。

点星宿

新年邑庙去烧香，款步行来星宿堂。先拜紫微星主帝，保侬嫁个紫薇郎。阿侬本命是何星，最怕獠牙面铁青。今岁若然他坐命，跪求降福更延龄。吉星一定面容慈，皎皎临风玉树姿。侬若今年交好运，为神添相不容辞。从头仔细点分明，屈指须教记得清。红烛两支香一炷，何神消受意虔诚。

水仙会

临波仙子下瑶台，化作仙花献岁开。做个群仙高会好，满园春色胜蓬莱。
金盏银盘色相真，明珰翠羽靓妆新。司香太尉无须问，洛浦神妃是后身。
或赏名花或赏盆，周铜汉玉价难论。古瓷最是明窑好，璀璨常留宝气存。
相逢尽是缟衣仙，越洗铅华越斗妍。始信朝天宜素面，不须紫姹更红嫣。

交红账

几多簿据细推详，出入原来两适当。货价暗中多打折，几分余利已深藏。

新收旧管结尤清，几费辛劳核算精。博得居停开笑口，费心两界说分明。

经营贸易术精工，宾主终年意见融。盼到今朝红账结，可能利益共分红。

经商有术利权操，谈笑当筵意兴高。挡手应须尊首位，一杯春酒且酬劳。

女请客

一年难得是新正，姊妹欢联手帕情。先遣小鬟邀一次，明朝再遣马车迎。
幽静无如大菜佳，泰西风味美无涯。饮残一盏香槟酒，醉倚洋台蹴绣鞋。
舞台新戏彩头多，包个包厢去听歌。阿姊若来须要早，恐人争座起风波。
味莼园里去兜兜，携手姗姗草地游。游罢共临安垲地，一瓯香茗尽勾留。

开学堂

新年已过学堂开，学子莘莘鱼贯来。宝贵光阴休浪掷，各将子弟快栽培。
新学昌明旧俗除，不须香烛把诚舒。皮包一个携将去，上课钟鸣即读书。
讲堂优礼谒先生，脱帽同将右手擎。不比昔时须下拜，磕头习惯幼年成。
笑煞村儒尚训蒙，赵钱孙李教儿童。一心只望新生至，开馆收来贽见丰。

大开市

新年各店歇经商，一过新年上市忙。生意莫如春最好，家家择吉大开张。
招牌揩刷要鲜明，店面门窗切理精。更把柜台重漆过，簇新气象没批评。
账房间里更匆忙，管账先生检账箱。旧簿扎开用新簿，结存结欠再开场。
一串王鞭劈啪声，高升几个半天惊。路头接到称恭喜，开好牌门天未明。

迎喜神

武营大典喜神迎，雪亮刀枪整队行。此是太平新气象，休言耀德不观兵。
近来军队改西装，形式威严气概昂。号褂战裙收拾起，更无草履系双双。
乐声才起鼓声敲，同住同行步伐高。却笑老爷乘显轿，如何一步不曾跑。
迷信须当逐渐除，喜神名号属空虚。何时永革迎神俗，操演勤求技有余。

上、海、曲、院、之、现、象、

云髻半偏新睡觉

妇女之自好者，晨起必先理妆，而上海曲院则反是，尽有人起已久而发髻垂垂，一似甫经睡觉者。况近日所梳之髻，颇类乎昔之荡七寸。以是睡起之余，益形妖冶。图之以见沪妓惑客之一班。

跋曰："宝髻垂肩，金钗压背。何物淫姬，现兹浪态。云鬓蓬松，春痕姹嫁。梦里西施，一般妖媚。"

茜纱窗下看梳头

茜纱窗下看梳头，趣事也，然非所论于沪上之曲院。盖曲院房栊，半多幽暗，妓女梳头，又每在日晡为多，尚何趣事之足云。况乱头粗服时，设睹半老徐娘，与夫鸨盘茶等之种种，真相其何以堪。故以曲院之现象言，应有此看梳头一图，实则不如不看之为愈也。

跋曰："曲院春深，小窗日暮。有女梳头，容郎饱睹。黄发休惊，银丝乍露。嫫母徐娘，真形可怖。"

温泉滑腻洗凝脂

妓女以色身示人，盥洗垢腻，固其所宜。而上海妓院之盥洗，似较别处为尤勤，约计卧起、饭后、临睡，每日必三四次。良以自来水取之不竭，且香皂、洋蜜等物更易购买之。故绘《温泉滑腻洗凝脂图》，勿误作太真出浴观也。

跋曰：“何物淫娃，者般清绝。盥洗频频，肤痕耀雪。磨以香皂，润以香蜜。取悦情郎，实非好洁。”

云髻罢梳还对镜

西人谓中国妇女梳头，每日需一小时，以一年三百六十日计之，便须三百六十时，废时失事，莫为此甚。是言良有至理，而抑知曲院妓女之梳头，更有一小时犹虞不及者。盖若辈于梳毕后，尤必对镜细照，鬓发有不光者掠之，花朵有不正者整之，以是需时尤巨。唐人诗“云髻罢梳还对镜”，不啻为若人写照。因作是图，以征现象。

赞曰：“宝髻云蟠，镜奁月滟。吹毛求疵，蹈瑕索玷。破却工夫，增来妖艳。淫狐媚人，以此为鉴。”

罗衣欲换更添香

沪上名妓衣服，好用香水，以满身香气浓郁，能使人荡魄醉心之故。虽价贵至每瓶十元八元，亦所不惜。盖其资大半出自狎客，不须自己破费也。作《罗衣欲换更添香图》，狎客其多购香水，以赠所欢也可。

赞曰："香水满瓶，不盈一掬。洒上衣裳，沉浸浓郁。如兰披芬，如桂散馥。荡子醉心，频频叫局。"

笑问客从何处来

沪上曲院俗例，凡有狎客至院，妓与房侍等必操吴语致词，曰“大少”“请坐”“倷碌里搭请过来介”，此种口头禅，几于千家一律。戏绘是图，我知走马章台者见之，必当莞尔而笑曰“何物”。《图画日报》画出个打茶围活现状来也。

赞曰：“客从何来，遽集于此。门帘乍揭，娇声已起。致意殷殷，陈词娓娓。千语雷同，不过如是。”

主人有酒欢今夕

狎客在曲院款宾，卜以夜不卜以昼，各地皆然，上海尤甚，而风气微有不同者。如客齐摆席，曰“摆台面”；未入席前相帮先进手巾，曰“起手巾”之类。绘为是图，聊志将进酒时之大略云尔。

赞曰：“花下主人，宴乐嘉宾。敢卜以夜，无取乎晨。先摆台面，次起手巾。酒香乍溢，满座生春。”

吴姬压酒劝客尝

沪上曲院俗例，凡狎客在院设席，所狎之妓，俟客入座，必向各人敬酒一杯，以后鲜复顾问。至十年前，小本家至房敬酒，与本家娘姨向合席装水烟等事，则皆付之阙如。因作斯图，以觇今昔现象之异焉。

赞曰："金尊笑捧，玉人情重。劝君一巡，恕妾再送。本家潜藏，娘姨不动。但等席终，阴干大众。"

夜半月高弦索鸣

狎客在曲院张筵，既卜以夜，于是侑酒之妓，度曲亦每在夜分。惟近来各妓皆带乌师，非十年前琵琶、二胡，聆之荡气回肠可比，唱曲亦竞尚西皮、二黄、梆子三种，小曲绝弹，殊为憾事。绘《夜半月高弦索鸣图》，盖深慨夫自有乌师之弦索，而各妓皆置琵琶、胡琴于不习，曲院媚客之技，将江河日下也。

赞曰："何物乌师，夜分突出。弦索争鸣，咿哑嘈杂。抗坐分庭，更嫌唐突。辜负雅音，重闻何日。"

添酒回灯重开宴

沪俗狎客至妓院设席，每有此席未终而在他院复经设席者，个中人美其名曰“翻台”。一般败家子视金钱如泥沙，尽有一夜翻至四五台，自以为豪者。呜呼，豪则豪矣，其如将来酒资之须当惠钞何。绘《添酒回灯重开宴图》，不禁为狎游者感慨系之焉。

赞曰：“前席未阑，后筵重启。但逞豪情，罔惜靡费。直怎荒唐，有何趣味。翻到天明，依稀活祭。”

举酒欲饮无管弦

沪妓近尚京调梆子，各带乌师，前图绘之详矣。然更有声价自高，以不度曲自命时髦者，亦有十一二点钟后，以乌师回去为词，不再度曲，诿称明日后补者，致客意兴索然，每兴“举酒欲饮无管弦”之慨，亦曲院中之恶现象也。

赞曰：“谁高身价，竟废管弦。时髦自命，冷俏为妍。若当深夜，诿请明天。自言非懒，乌师已旋。”

看竹何须问主人

沪俗方言，打牌一名看竹，稍谙文义者皆知之。然在曲院打牌，不论书寓幺二，例须头资洋十二元，入局者作四人兼派，每人三元，或每副抽取。故座中虽有主人，其实并无主客之别。诵唐人“看竹何须问主人”诗，不啻为今日曲院碰和咏也，因戏图之。

赞曰：“花丛看竹，赏心悦目。赌账可赊，头资现摸。四人公摊，一场抽足。莫问主人，大家入局。”

几回抬眼又低头

搔头弄姿，妓家习惯，此风何处不然。而沪妓之搔头弄姿，不在对客，恒在对镜，恒在时对身畔所携之二三寸小镜。其镜有金有银，有长方者，有腰圆者，制法不一。而妓之对镜自照，时时抬眼低头则一。因取唐人“几回抬眼又低头”诗以图之。

赞曰：“何物淫娃，各怀小镜。屡屡星眸，频低粉颈。额发斜梳，脸波笑映。譬如照妖，时现真影。”

侍儿扶上七香车

沪妓出应堂差，向俱乘坐轿子。四五年前，则雏妓有由相帮掮负者，今掮负已久悬厉禁，轿子亦不多见。类皆改乘橡皮轮包车，闻一车之费竟有巨之一二金者，而招摇过市，侍儿拥侍，相帮后随。其景状有堪入画者，因作《侍儿扶上七香车图》。

赞曰："有车有车，橡皮为轮。不载坐客，乃乘美人。忽来忽去，载驰载奔。莫教互撞，元宝翻身。"

轻罗小扇扑流萤

扇子之制，昔时长七八寸者为多，自东洋小扇子盛行于华，于是四五寸或只三四寸者，以之取风，风于何有，以之蔽日，日岂能遮，而不意沪上曲院中人近来偏喜用之。唐人诗“轻罗小扇扑流萤”，当日恐亦无如是之小也。

赞曰：“咄尔狂花，竞携小扇。拂面不凉，遮羞尽见。底事喜欢，只缘轻便。笼诸腕间，宛如抽箭。”

车走雷声语未通

沪上车辆之多，甲于他处，而每日三四句钟后，由坭城桥往西之各马车，每多曲院中人。数年前或犹与客同载，不尽相偎相倚之情。近则各妓声价自高，无不以有客为耻，不允与之偕座。于是尽有妓车在前，客车随后，途中偶欲通信，而竟如唐人诗所谓“车走雷声语未通”者。戏成是图，以征昔日有女同车之变相。

赞曰：“车声辚辚，马蹄得得。小姑无郎，瘟生笑客。只许随后，岂容侍侧。偶欲通词，天涯咫尺。”

排空驭气奔如电

“排空驭气奔如电”，白香山《长恨歌》中语也，不图与今日之汽车适合。汽车每辆须数千金，少亦千数百金，故初惟西人乘之，近则华人之阔绰者，取其飞行之速，亦皆乐于乘坐。于是曲院中人，有借乘狎客之车以招摇过市者。因作是图，未始非特别现象之一也。

赞曰：“郎有汽车，喜郎阔极。妾借乘之，遨游紫陌。汽筒乱鸣，途人辟易。顾盼自豪，芳心脉脉。”

松风满碗试新茶

沪妓乘马车、汽车出游，每日以至张园者为多，愚园次之。而至园后别无所事，类以品茶为消遣计，且为招蜂引蝶计。故其现象有不可以笔墨形容者，盖古人醉翁之意不在酒，而今则妓女之意不在茶也。

赞曰："花园之中，洋房之内。百美来游，一瓯互对。脉脉其情，喁喁其态。消渴相如，尽堪做伴。"

缓寻芳草得归迟

妓女在花园沦茗后，或以所狎之客不至，或欲另觅所欢之客，或与姊妹行有密切语，每至草地散步，既可迟整归鞭，又掩旁人耳目。故当夕阳在山、人影散乱之时，必有若人踪迹，回翔于平莎浅草间者，是亦特别之现象也。

赞曰："细草如茵，可人如玉。扶婢步迟，寻郎眼熟。倩影翩跹，芳踪彳亍。有客不来，乱我心曲。"

承欢侍宴无闲暇

沪上菜馆林立，而比年以来，尤尚番菜，福州路一品香、一枝香、海天村、富贵春、万家春、一家春、三台阁及湖北路之金谷香等，每至夕阳徐下，电火初明，即有宴客其间，广致名花，征歌侑酒者。因作是图，且诵白香山“承欢侍宴无闲暇”诗，今日番菜馆席不暇暖之红倌人，殊堪移赠也。

赞曰：“风气所趋，人人好异。争嗜西餐，愿尝奇味。叫得局来，匆忙无比。一曲甫终，姗姗去矣。”

美酒一杯声一曲

沪妓除番菜馆侑觞外，麦家圈之大庆楼，宝善街之馥新园，棋盘街之泰和馆，二马路之燕庆园，湖北路之雅叙园等处，亦俱每夜有人飞笺召局，以致各妓应接不暇，殊有疲于奔命之势。而此种酒局，必在五六点钟以后，九十点钟以前。因是唱者居多，唐人诗“美酒一杯声一曲”，可于各酒楼咏之。

赞曰：“樽中酒满，座上花香。清歌一曲，豪醉百觞。只怜席散，难遣宵长。酒醒归去，依旧凄凉。”

我侬试舞尔侬看

沪妓自林黛玉、花四宝等，以唱戏月得包银甚巨后，纷纷皆学串戏，冀步林妓等之后尘。于是胡家宅群仙女戏园，每月必有客串登台奏技，虽生旦净丑不一，然究以生旦为多。各妓于串戏之夜，必俱号召狎客往观，适合唐人“我侬试舞尔侬看”之咏。惟客不往则已，往者例须破费赏洋，盖视赏洋之多寡，以觇此客之丰啬焉。

赞曰：“妓女锋芒，客串煌煌。刚才学步，便尔登场。不闻喝彩，偏有赏洋。瘟生晦气，共破悭囊。”

不许闲人入看花

沪地曲院定例，客不见客。以是房中一有客至，必将门帘下垂，不容他客再入。后至者遂徘徊门外，兴“不许闲人入看花”之慨。长三、书寓、幺二、雉妓院皆然，故门帘虽软，回避牌、赶人棒不啻焉。

赞曰：“有客有客，看花阻隔。丧气垂头，惊魂荡魄。蓬山万重，天涯咫尺。悔不早来，遭人驱迫。”

梅子流酸溅齿牙

拈酸吃醋之事，各处曲院皆有，岂独上海为然。惟上海则以有违工部局章程，故院中可唤巡捕拘究，于是座上客有一变，而即为阶下囚者，为他处所鲜有。故客之自好者，一念及此，每不愿以身试法。因作是图，愿为一班好发酸风之大少儆焉。

赞曰："醋海风波，动君莫起。既是寻欢，何须生气。撒甚威风，闹成把戏。巡捕一来，悔之晚矣。"

向人欢笑背人啼

“向人欢笑背人啼”，此天下妓女之普通现象也。若上海则龟鸨惮捕房而不敢凌虐，狎客懔警章而不敢滋闹，其为妓较他埠为易，故尽有乐此不疲者，欢笑有之，啼于何有？然洋场十里间，谁谓小妮子全无心肝，亦有慨茵溷之误沦，叹火坑之难拔，而清泪偷弹，愁眉暗锁者。因作是图，略志一斑。

赞曰：“嗟尔群芳，堕劫堪伤。不为淑女，竟作淫娼。笑非本意，泣是天良。娟娟比豸，羞恶未忘。”

戏罢曾无理曲时

沪上曲院，前数年俱尚度曲，故雏妓必延乌师教授。近则工部局取缔卖娼章程，凡十六岁以下者，不准应客，于是雏妓绝鲜，而教曲遂亦日见其少。惟各妓近喜学习客串，乃有延师温理旧曲，并研究台步一切者。因戏图之，并取唐诗标题曰“戏罢曾无理曲时”，盖别乎昔日之雏妓教曲也。

赞曰：“理曲理曲，曲文须熟。描摹戏情，研究关目。只许提撕，不加敲扑。学到戏精，架形十足。”

每日更忙须一到

沪妓近既不尚度曲，度曲之妓日鲜，而一般稍能发声者，便负时誉，福州路各书场争相罗致，尽有月出包银数十元，邀令登场奏技者。于是各妓经过书场，苟为书场中人所见，无论堂差有无，每致硬扯强拖，必令入内始已。各妓遂有“每日更忙须一到”之势，亦沪上曲院现象之异点也。

赞曰：“先生何来，过门不入。无论百忙，请唱一折。堂倌欢呼，听客沃涩。点戏挂牌，现洋摸出。”

二人对酌山花开

沪上曲院风气，凡有熟客，于夜饭时或深夜时至院，有留便夜饭及半夜饭之事，妓每在座相陪，举杯对酌，异常亲昵。因戏图之，替狎客写照，亦为花写照也。

赞曰："客从何来，肚皮饿哉。饷君一饭，饮君数杯。春情暗逗，心花怒开。颓然醉倒，酒是色媒。"

不知媚眼为谁回

沪上妓女，自同治年间李巧林私识优伶杨月楼始，实开花界恶习之先，迄今尤而效之，颇不乏人。其起点必自戏园，连夜看戏，频频以目送情，为入手办法，即俗呼为吊膀子者。图之以为不知自爱之浪妓警。

赞曰：“惟优与妓，天生同气。好戏看来，春情钩起。眼波频回，心旌摇曳。是谓目成，暗中牢记。”

日夜经过赵李家

沪妓堂差之忙，菜馆、番菜馆外，究以各院之酒局、和局为多。自包车盛行后，各妓乘车往来小弄中，王摩诘《洛阳女儿行》有句云“日夜经过赵李家”，尽堪移咏。因作是图，质之走马看花人，以为取譬得当否。

赞曰：“姗姗女伴，或往或来。绕行小弄，环赴章台。霎时甫去，片刻重回。家家门首，车走春雷。”

最是五更眠不得

沪上曲院，为消金窟，亦不夜天，章台走马之人，尽有彻夜不眠，于破晓时犹飞笺叫局者，个中人名之曰天明局。此妓如与客有交，必须应召，而留宿院中之客，遂致大受厥累。唐人诗“最是五更眠不得”，此情此景，仿佛似之，因作是图。

赞曰：“银河渐落，晨光熹微。已圆好梦，谁叩轻扉。倌人心恨，狎客魂飞。叫此恶局，催命依稀。”

妙舞此曲神扬扬

沪上曲院俗例，每节烧路头（即接财神）二次，一曰开帐，一曰归帐。归帐，清路头（无清音宴神者曰清路头）居多。开帐，则必雇清音，个中人呼之曰响路头。狎客于是日设宴，须加点戏洋二元，清音应至席间奏曲一支，客恶其喧扰，故每不乐听，以是恒令于庭心中潦草了事，不知路头神听之，果扬扬得意否，一笑。

赞曰："路头有神，喜听清音。本家虔祀，狎客贲临。点戏一出，赏洋二金。房中休闹，还是庭心。"

玉楼珠箔但闲居

沪上妓女，近来每与所欢之戏子、马夫有另赁私屋之举，若辈名之曰小房子。亦有姨娘、大姐，不便在院公然留客，亦与客私借小房子者。昼出夜归，踪迹最为诡秘。盖其室甚密，而其境则甚佳也，因戏图之。

赞曰："十里洋场，藏娇何处。觅得闲房，尽容小住。怨女痴男，明来暗去。蹊径别开，春深几许。"

红烛影回仙态近

沪上曲院，每节例须宣卷一次，召非僧非道之宣卷人，至院宣诵经卷，自白昼起，必至天明始竣。各狎客须向所欢之妓报效和酒，是则宣卷云乎哉，不过欲狎客各破悭囊耳。

赞曰：“稽首仙坛，宣扬妙谛。铙钹齐鸣，香烟乱起。本家虔心，客人悔气。非酒即和，必须破费。”

绿杨分作两家春

沪地曲院风气，既俱客不会客，于是妓女之稍红者，除卧房外必另有套房一间，以备狎客如同时莅止，免致不得其门而入。然亦有梅子流酸之客，彼此各据一房，相率不去，而妓遂往来其间，如“绿杨分作两家春”者。因戏图之，亦现象之一也。

赞曰：“有客有客，忽作恶剧。各据一房，相离咫尺。妓女担心，娘姨动魄。两处应酬，苦了双脚。”

日暮小巢喧燕雀

沪上曲院，每值夜深人静之后，姊妹花闲暇无事，恒喜抹牌消遣，个中人呼之为叉小麻雀。其筹码一元一底者有之，二三元一底者亦有之。若与房侍为戏，则尽有小至半元一底者。惟座中若有一狎客在，其输赢必较平时为巨，输则当由此客代偿。盖于消磨长夜之中，隐示客以既来寻乐，须破悭囊也。

赞曰："深夜无聊，何妨捉雀。筒索万子，中风发白。小做输赢，譬如睡觉。叉罢八圈，破费狎客。"

一群娇鸟共啼花

沪上迩来风俗日媮，好至曲院冶游之人日众，不特男子为然，竟有大家宅眷、富室娇姬，俨如三五少年，风流自赏，竟亦至院摆酒碰和，以示豪举者。一群娇鸟共啼花，在司空见惯者，或目笑存之，而少见多怪者，罔不诧为异事。诚曲院中近时最特别之现象也，是不可以不绘。

赞曰："何来娇鸟，共爱花香。莺莺作对，燕燕成双。几忘女子，竟作情郎。伤风败俗，最是荒唐。"

百花生日是今朝

沪上曲院，每节除烧路头二次、宣卷一次外，更有所谓生日者，或先生生日，或小本家及本家生日，亦俱雇用清音，并宣卷人宣扬经卷。狎客是日又须吃酒碰和，借为所欢之妓生色。嘻，所欢之妓固生色矣，其如狎客与妓及本家、小本家，非亲非戚，我不知其何以张筵为贺也。一笑。

赞曰："霞觞祝寿，此风旧有。何物妖姬，滥敲寿酒。更向乌龟，祈以黄耇。笑倒旁人，哈哈拍手。"

金谷香尘走铟车

自脚踏车盛行于沪，乘者取其非常迅捷，每喜购试。其始虽仅三五少年，既而曲院中人亦戏效之，于是皆以张家花园为练习地。每自三四钟起，至薄暮止，时有笑移莲瓣，轻转橡轮，盘旋于如茵芳草间者，诚绝妙一幅美人游戏图也。

赞曰：“时见美人，飞车游戏。频蹴莲钩，紧拴藕臂。掩映花丛，往来草地。慎莫跌跤，横陈玉体。”

菱镜也知移艳态

自泰西照相之法盛行于中国，能使人神情酷似，态度逼真，较胜画工奚啻十倍。以是无论男女，每喜拍照，而以曲院中之妓女为尤甚。盖若辈本以色身示人，照片足以移赠狎客之故。唐刘兼诗“菱镜也知移艳态”，大堪于妓女拍照时诵之，因作是图。

赞曰：“摄影之法，始自西人。别开生面，映出全神。狡哉妓女，共现色身。持赠狎客，痴唤真真。”

道是无情却有情

曲院非言情之地，故有“鸨儿爱钞，姐儿爱俏”之谚，情于何有，抑知“姐儿爱俏”四字，隐伏“情”字之根。故沪上曲院中人，尽有以美少年为恩客，道是无情却有情，而于他客，则几欲一律谢绝者。图之以为一班花钱冤桶，无恩客之资格劝。

赞曰：“勿谓欢场，竟无情种。小子貌佳，倌人心动。刻刻牵怀，宵宵同梦。气死寿头，甘为冤桶。”

风流名字写红笺

沪上曲院之局票及请客票，二十年前，皆以红纸为之，嗣有好事者戏仿词笺之制，刊板贻赠所欢，于是风气为之一变。自谢文益刻字店广刻各板，而五花八门之局票、请客票，遂风行北里，美丽绝伦。王禹偁诗“风流名字写红笺”，殊足为花业生色也，因作是图。

赞曰：“谁制鸾笺，目迷五色。以之催花，以之速客。题遍香名，书来淡墨。是谓纸醉，醉人心魄。”

草阁芦帘逐晚凉

沪上夏秋之交，自有夜花园供人游憩。一般曲院中人，每于十二点钟后，阳以逭暑为名，阴则勾同恩客，或戏子马夫，借为幽欢密约之地。风俗之偷，莫此为甚，而百病亦因之而起，言之可慨。因绘是图，愿夜游各妓女一警醒焉。

赞曰："夜凉如水，游女如云。不避风露，莫辨晨昏。茅亭缱绻，草地温存。可怜病作，断送花魂。"

排愁惟有听歌处

自柳敬亭以弹词名于时，后之操其业者，类于茶肆中设一书台，登台奏技，名曰书场，江浙间皆有之。而上海则更有所谓滩簧者，其形式亦与书场一律。近日曲院中之房侍辈，每喜于深夜存临，甚至风雨无间。“排愁惟有听歌处”，岂若人能默悟此旨乎？抑别有命意所在，不足为外人道乎？图之所觇薄俗之一斑。

赞曰：“何处听歌，茶楼夜永。姗姗来迟，宵宵意动。小说发松，滩簧易懂。忙煞浮头，梯边目送（凡书场一有若辈，则散场时必有浮荡子弟在梯口目送，如官场之排班者然，故云）。”

妒花风雨便相摧

沪地虽有捕房取缔狎客在妓院肇事，有犯必惩，而狎客之豪且横者，稍有拂意，焚琴煮鹤之事，仍所不免。设宴时杯盘尽碎，曰“挽台面”；茶围时棹椅齐翻，曰“打房间”。大率因院中不善酬应，或与他客拈酸而起。“妒花风雨便相摧”，我绘斯图，窃愿惜花者勿遽试摧花手段焉。

赞曰：“欢乐场中，着甚烦恼。台面怒挽，房间乱捣。不是争酸，即为瞎闹。巡捕若来，风头僵了。”

无端嫁得金龟婿

妓女譬之野花，不堪攀折，故古人有“闲花只合闲花看，一折归来便不香”之咏。若上海之妓女则尤甚，以其养尊处优，异于别处，且喜于姘戏子、马夫等人，故见客虽恒以嫁人为口头禅，而客之娶之者，恒相率引以为戒。非曰万花如海中，人尽如斯也，特以如斯者为多，因作《无端嫁得金龟婿图》。

赞曰：“妓女从良，本来可喜。不道沪滨，异于别地。习染已深，狂荡无比。若晋头衔，悔之晚矣。”

梅雪争春未肯降

昨绘《无端嫁得金龟婿图》，已极言沪妓之不可娶矣。然间有一二志切从良，居然弃邪归正，勿蹈时下淫妓恶习者。又恐入门后不甘以妾媵自居，设家有大妇，必致争权争夕不已。此风虽各处皆然，而沪妓俗尚骄奢，第观其适人时，类争红裙披风，即此可见"梅雪争春未肯降"，殊足为娶妓者危也，因续图之。

赞曰："一碗勿响，两碗叮当。莫恋野鸳，错结鸳鸯。争风吃醋，指槐骂桑。家翻宅乱，怄气难当。"

人面不知何处去

沪妓不可娶，与娶后之种种骄奢淫逸，前二图已详之矣。而抑知其特别现象，尤在适人后之不安于室，复堕风尘。盖近来若辈，每因债负所逼，择一欲娶者嫁之，以便代还各债，未几即下堂求去，依然重抱琵琶，个中人谓之“淴浴”。尽有浴至三次五次，而人犹堕其牢笼者，良由媚术之工，夫亦钟情所误耳。

赞曰：“荡子痴迷，美人恶毒。满口从良，一心淴浴。本是孽缘，谁云艳福。曾几何时，依然独宿。”

庭空月白夜烧香

沪上曲院中人，上而长三、书寓，下而雉妓、花烟妓，皆信奉小东门外洋行街墙上之财神偶像，谓祷之可主生涯发达，不知何所取义。以是每逢朔望之夜，烧香之人甚多。而偶像适在便厕之旁，香烟臭气，两般儿氤氲得不分明，殊属令人可笑。且各妓叩拜既毕，必俱执香以归，一若神之随香呵护者，真怪状也，是乌可以不绘。

赞曰："粉墙之阴，茅厕之侧。共拜财神，广罗狎客。叆叇香烟，淋漓臭溺。香臭不分，斯真奇特。"

香火姻缘佛有灵

妇女迷信最深，而曲院中人尤甚，如前图绘朔望夜至小东门外墙上财神前烧香，已可略见一斑。然余日犹另有烧香之处，系英大马路保安司徒庙，即俗名虹庙者是。时有狂花冶叶，叩祷佛前，一若我佛有灵，烧香后神女生涯必邀默佑者，亦海上花界中现象之一也，因再图之。

赞曰："狂花朵朵，冶叶翩翩。瓣香共爇，好梦求圆。一心皈命，两字邪缘。佛曰善哉，是欢喜禅。"

洞房昨夜停红烛

沪上曲院旧俗，凡雏年未经接客之妓，于狎客定情之夕，须燃巨烛二支，并置酒张筵为贺，犹洞房花烛之意，为别处曲院所无。且人生洞房花烛只有一次，而此则多至二三次者，可异亦可笑也，为作《洞房昨夜停红烛图》。

赞曰：“洞房花烛，女郎喜事。只有一宵，奈何屡次。真是荒唐，罔知羞耻。露花孽缘，如是如是。”

美人犹自意嫌轻

曲院妓女，索客私赠，到处皆然，而上海则地处繁华，以是所索之奢，逾于他埠。尽有客以珠玉锦绣等物，馈遗甚丰，而美人犹自意嫌轻者。噫，祖宗之业，汗血之资，得之不易，何为掷黄金于虚牝，罔知悔悟。如此唤醒痴迷，为本报记者所深愿，爰绘斯图，以警当世。

赞曰："花底狎游，浪掷缠头。并非债欠，竟任取求。愈多愈妙，无尽无休。欲壑难厌，心力枉丢。"

新鬼繁冤故鬼哭

沪上曲院俗例，每届大小月底之夜，必以锡箔为银锭，纸煤为金条，焚诸房中，谓能默邀鬼佑，使狎客常临。且娘姨大姐辈必以烬余之锭，藏诸妓之床下，谓妓可得小货。抑知妓院无鬼则已，有则殆系死于牡丹花下者。我知焚锭时，新鬼繁冤故鬼哭，房中或有声啾啾也，呜呼！

赞曰："咄尔妖姬，玩此鬼戏。纸灰乱飞，火光忽起。欲博鬼欢，反动鬼气。太息当初，死于花底。"

寻得桃源好避秦

沪上曲院林立，而长三、书寓、幺二之外，又有所谓半开门者，似住家而无局酒，似雉妓而无干湿，客至但令以碰和扳位，或竟真个消魂。其排场阔绰之家，竟有门黏公馆，骤望之如阀阅巨家，不敢遽入者。“寻得桃源好避秦”，若辈诚花丛之变相也，因戏图之。

赞曰：“花外桃源，排场特异。赫赫房廊，巍巍门第。公馆头衔，妓寮生意。气煞官场，冒牌犯忌。”

临邛道士鸿都客

沪上曲院俗例，每届夏秋之交，必延羽士建醮三日，美其名曰保安醮坛。此三日中，各妓须责狎客报效和酒，于是骨牌声与铙钹声相问答，酒肉气与香烟气相氤氲，诚可嗤也。爰作斯图，以供一噱。

赞曰："温柔之乡，乃有道场。螺蛳壳小（俗有'螺蛳壳里做道场'之谚），鸭尾子忙（吴俗呼道士曰'鸭'）。和酒碌乱，钟鼓铿锵。三清上帝，笑断肚肠。"

心怯空房不忍归

沪上曲院中人之苦况，以雉妓为最。盖若辈类有恶鸨，责令每夜接客，以是十二点钟以后，坏福州路一带，群雌粥粥，遍立街头，遇有客过，每作遮道要留之举。捕房虽有禁令，无如禁者自禁，犯者自犯。每于晚间，若无客至，必遭恶鸨呵斥，甚或恣意鞭笞，之故心怯，空房不忍归，非心怯空房也，怯遭鸨母凌虐，不敢归，不得归也。呜呼！薄命花如此辈，诚大可怜矣，因作是图。

赞曰："恶鸨虐妓，雉妓最苦。倘无客临，必遭鸨怒。怯煞空房，飞来满路。夜半不归，饱尝风露。"

青鸟飞去衔红巾

沪上曲院俗例，平时狎客往打茶围，所有奉茶绞手巾一切，皆由房侍承值。惟届端午、中秋、岁暮三节之前数日，必由龟奴以热手巾进，个中人名之曰“起手巾”，客应犒以洋蚨十元八元不等。脸上之巾搭来，囊内之鸟飞去，因取唐人“青鸟飞去衔红巾”诗意，戏写是图。

赞曰：“今夕何夕，手巾沸热。较异平时，只缘佳节。挖去鹰蚨，犒赏龟鳖。阔少手松，何妨多给。”

惟将旧物表深情

沪上各曲院，每届端午、中秋、年夜三节，妓女例以礼物馈客，名曰“节盘”。而所馈之物，端午则枇杷、角黍，中秋则月饼、焖藕，年夜则年糕、福橘之类，旧套相沿，千篇一律。白香山诗“惟将旧物表深情”，此岂欲以旧物表深情耶，夫亦鳖腿辈借此博取赏力而已。图之以质诸老于花界者，或当深韪予言。

赞曰：“曲院节盘，此风已久。妓善逢迎，客俱笑受。只为情痴，不嫌物丑。乐煞龟奴，赏洋到手。”

今朝有酒先生馔

沪上妓院俗例，每逢端午、中秋、年夜三节，院中厨子必于每妓房中馈菜六肴，借索节费，名曰司菜。各妓因邀狎客代吃，代偿此资。然曩例虽只六元，今则有八元十元不等者。且狡黠之妓，更有借为生财之道，尽有甲客已经吃过，复为自备数肴，以饷乙客、丙客，索赏如故，瘟生不察，易堕术中，殊可笑也。因作是图。

赞曰："司菜司菜，照例六碗。前客吃光，后客添配。石硬海参，风干火腿。笑煞瘟生，赏洋十块。"

花不留人酒不赊

曲院中对待狎客，每肆其掗赊逼讨手段，最为恶习。故每届三节已到，一般空心大少之未将局帐开消者，各妓恒倩佣媪辈守诸路隅，竟有剥衣辱骂之事。此风各处皆有，沪上尤烈，作《花不留人酒不赊图》，狎游者可以知所返矣。

赞曰："十字街头，三岔路口。大少无钱，娘姨出手。剥取衣衫，抵偿局酒。花债难赊，即堪回首。"

佳节每从花下醉

沪上各曲院，每逢佳节，如端午、中秋、立夏、冬至、重阳等日，必邀狎客张筵宴宾，多多益善，而尤以端午、中秋、冬至为设飨大典。如某妓房中无酒，同院必俱引以为耻，以是各院每届是夕，无不异常热闹，是诚升平景象也。然无底锅中，此夕又不知消耗金钱几许耳。爰作是图，以告佳节每从花下醉者。

赞曰："人生百年，佳节有几。对酒看花，忘形得意。消金有锅，耗费无底。莫道逢场，不妨作戏。"

百花深处品新茶

沪上棋盘街一带，俱幺二妓院，院中规模一切，与长三、书寓异。凡生客至，如欲遍观各妓，例有移茶之举，由龟奴呼妓出堂，一时粉白黛绿，环集于前，俟客入选之后，乃由此妓偕客入房，熏茶为献，并装干湿一档（瓜子一，水果一），客须花洋一枚。好事者尽有一夜移茶数处，以期遍阅各花者。皮日休诗“百花深处品新茶”，殊堪移咏也，因作是图。

赞曰：“乘兴移茶，别具繁华。依依幺凤，簇簇名花。身旁环立，眼福堪夸。大少点谑，笑语喧哗。”

郎若闲时来吃茶

沪上二十年前，只有长三、幺二、书寓、住家等各街院，无所谓雉妓院者。自有雉妓院，而各妓一至夜分，翔集街头，花丛为之一变。且各妓类以茶寮为埘榤，上等者在南京路同安、易安、全安及福州路之福安等处，次等者则升平楼、青莲阁、第一楼为多。“郎若闲时来吃茶”，尽堪于风生七碗之余，作贾大夫如皋之射也。戏作是图，以觇雉妓风气之一斑。

赞曰：“山梁雌雉，适从何来。登楼笑语，入座徘徊。谁嗜鸡肋，恰逢雉媒。欲通款曲，香茗一杯。”

烟花三月下扬州

沪上曲院各妓，长三、书寓、住家，苏帮为多，幺二则兼有他帮，雉妓苏扬各半，惟花烟馆悉系扬帮，辣块，辣块之声，洋洋盈耳，不图二分明月中人，乃俱作此邯郸下贱。为作《烟花三月下扬州图》，有欲作骑鹤游者，不妨于此中一探佳趣也。呵呵。

赞曰：“小东门外，兰芳里口。嫫母现形，无盐出丑。是脂粉狱，是烟花薮。大少爱顽，不死来走（烟妓每向人谓‘得便来顽顽’‘不时来走走’，而‘时’字之音，宛似‘死’字，因戏及之）。”

陶然共醉菊花杯

沪俗各幺二妓院，每届九十月间，菊花盛放之时，必延扎花匠于天井中高扎花山，炫异矜奇，非常夺目。各妓乃相约所欢，俱于花山下开筵宴客，美其名曰“菊花山酒”。兹数日内，虽平时鄙薄幺凤，足迹稀疏此者，亦均偶一往游，以尽佳兴。“陶然共醉菊花杯”，其风趣有可想见也，爰作是图。

赞曰：“缀菊为山，山高菊茂。雷火宵明，霜葩秋瘦。席地开筵，幕天晋酒。一醉陶然，夜寒忽逗。”

月地云阶拜洞仙

沪地各曲院俗例，每逢朔望之夜，皆有斋仙之举，各妓俱须虔拜，谓可使生涯发达。至所斋之物，除香烛外，类俱鲜蛋、腐干、烧饼三种，不知何所取义。而当各妓拜仙之时，咏牛僧孺“月地云阶拜洞仙”诗，不啻对景挂画也，因作是图。

赞曰：“神女生涯，本来是梦。岂有仙灵，暗中播弄。受人叩拜，享人斋供。引得九天，春心齐动。”

衔泥落燕垒新巢

沪上各曲院妓女，每于三节后，有调头之举。有由此弄迁至彼弄、此院迁至彼院者，亦有仍在一院中，而楼上迁至楼下者。进屋之日，个中人美其名曰“进场”，各狎客又须置酒为贺。谚言“东场搬至西场，蚀掉三日饭粮”，惟妓女则一经移徙，转有既入新居，和酒连绵，可以缠头稳博者。此调头者之所以多也，因作《衔泥燕旧垒新巢图》。

赞曰：“非出幽谷，非迁乔木。三节乍过，百花变局。各营新巢，相沿旧俗。是谓调头，不嫌忙碌。”

强移栖息一枝安

沪上各曲院妓女，逢节调头，前图绘之详矣。然调头时，每有负债深重之妓，狎客处告贷无门，娘姨相帮，又不肯代掮代捆（娘姨相帮为妓借钱，曰掮；代妓包罗一切，赢亏与妓无涉，曰捆），于是他妓将迁入新居，此妓茫无所归，本家乃有暂令在帐房住宿之举，个中人名之曰“落帐房”。“强移栖息一枝安”，此时妓之狼狈，有不可以言语形容者。爰作是图，盖脂粉地狱之变相也。

赞曰：“先生休矣，帐房暂闭。无锁之囚，无枷之系。债户纷来，客人远避。何日出门，扬眉吐气。”

护花恩比种花多

沪上各曲院妓女，十数年前，并无年龄之限，故尽有八九岁女孩，即由鸨母逼习弹唱，胁令卖娼者，逮至十三四龄，俨即留髡接客。此中摧折花枝，不知凡几，言之可惨。自中西各善士设立济良所后，于是严订章程，凡未满十六岁之女，概不许应局鬻淫，且不准在院住宿。有则必由中西侦探拘送捕房，转解公堂，发所留养。护花恩比种花多，济良所此举，诚功德莫大也，因作是图。

赞曰："人生不幸，为女子身。奈何娇小，便堕风尘。济良设所，约法同遵。娟娟此豸，共沐慈仁。"

安得广厦千万间

济良所严查不及格卖娼之幼妓，入所留养，已绘昨报。然自济良所设立后，各妓女之有被龟鸨凌虐，或阻止从良一切，皆得赴所申诉，由所董带赴公堂讯明，除将龟鸨提惩外，妓发济良所择配，出水火而登衽席，终年不知凡几。是济良所之大有造于花界者，不特幼妓实蒙其福。爰再添绘是图，不禁有安得广厦千万间之望焉。

赞曰："杜陵广厦，乞庇寒士。大慈善家，怜弱女子。所立济良，恩同彼美。拔出火坑，姻缘天赐。"

从此萧郎是路人

曲院妓女适人，须将门外所悬艳帜除去，除牌者例须向娶妓之客索取赏封，自百元以迄二三十元不等。“从此萧郎是路人”，今而后凡昔日所眷之客，殆不可复窥一面欤。然以沪地各妓论，立志从良者少，有心溷浴者多，则重逢或尚有期，旋除者或当旋挂也。因作是图，窃愿为娶妓阔少铿然以除牌喜封，赏赐龟奴者警。

赞曰：“艳帜高张，谁为除去。恭喜跪呼，赏洋面许。得意可知，奇缘自诩。遑计他时，重悬堪虑。”

重帏深下莫愁堂

沪妓之不可娶，与娶后之以淴浴为主义，必致重复为娼，前图已详言之矣。然岂无一二闺帷严肃之家，此妓一经入门，竟难复出者，则若辈必终日絮聒滋闹，必使身受者不堪其扰，以徐达其下堂之目的始已。呜呼！娶妓之人，其以此说为言之过甚乎，则曷观是图。

赞曰："溷中之花，道旁之柳。移栽不香，爱护难久。惹是生非，挟嫌斗口。闹到不堪，下堂快走。"

岭南春色画中看

沪上曲院林立，苏帮、扬帮而外，老旗昌更有粤妓，别树一帜。客至设宴，俱在厅楼，谓之开厅。每客须唤一粤妓侍酒，然后另叫外局。当未经入席之先，客如抹牌消遣，向例不取头钱，只须赏值厅者一二元已足。至菜价虽较福州路等各妓院为昂，然客掷缠头者设宴一次，每约挚友八九人，碰和二场，提取头资廿四元，作为贴补，及至宴毕开帐，连各客所叫粤妓在内，大约不外三十元之数。是乐此一宵，主人只须费洋数元，反比他处为廉也。作《岭南春色画中看图》，质诸走马章台者，以为何如?

赞曰："江南岭南，地隔千里。风俗不同，春色乃异。设宴须资，碰和无费。抽点头钱，所需无几。"

嗜好与俗殊咸酸

沪上曲院现象，虽绘不胜绘，然以大致论之，连日各图中已略具梗概。惟花界中别有所谓咸酸妹者，或作咸水妹。其命名不知何所取义，若辈俱系粤产，能操西语，故所接狎客皆系西人。唐人诗“嗜好与俗殊咸酸”，咸酸妹之专接西人，殆知西人之嗜好与华俗不同乎。因作是图，以补曲院现象之阙。

赞曰：“似花非花，是叶非叶。粤女婆娑，西宾款接。满口密司，浑身俏洁。曰咸水妹，嘉名特别。”

北、京、曲、院、之、现、象、

绿云高髻绾婆娑

上海曲院之现象，本报已尽绘其大略矣，今试续绘北京之曲院。北妓与南妓之异点，第一乃在装束，如同一髻也，而南妓喜低，北妓喜高，且髻上所簪之花，南妓在后半顶，北妓则颤巍巍俱在顶心。以是一望而知，南北不可混合。作《绿云高髻绾婆娑图》，先睹北妓妆饰之一斑。

赞曰："北方之强，一髻即异。峨峨其形，矫矫其势。高插花枝，别饶风致。赶茶之娘，厥状相似。"

愿天速变作男儿

北方风气刚劲，即系女子亦桓桓烈烈者多。故北妓每喜男妆，梳油松之辫，服长褂之衣，骤睹之如白袷少年，爱之者谓为潇洒，而憎之者则目为人妖。黄崇嘏诗“愿天速变作男儿”，岂若辈恨不能速变男儿，故为是装束欤，其实盖借此惑客而已。

赞曰：“男欤似女，女欤似男。不男不女，疑女疑男。分明姹女，几变痴男。女装男扮，羞煞奇男。”

多买胭脂画牡丹

南人装束尚雅淡，北人装束尚绚烂，非南人雅而北人俗也，格于风气之不同也。是以南妓助妆，恒傅白桃花艳（粉名）。而北妓则俱用胭脂粉，猩红两颊，一若不如是，不足以助媚添娇者。昔人诗“早知不入时人眼，多买胭脂画牡丹”，殆有为而言欤。记者断章取义，因作是图。

赞曰：“风气所殊，时趋乃异。金粉南都，胭脂北地。姹紫生妍，嫣红斗丽。譬诸牡丹，一般春意。”

长安道上车如水

南方妓女出局乘轿，或乘包车、马车，北方则俱乘驴车。是以每当日堕崦嵫，韩家潭一带之各妓应征者，此往彼来，不绝于道。惟车甚重笨，且马路不如南方平坦，以致异常颠簸，不惯者几于耳目昏花。此种花界窘苦之现象，实为他埠所无也，因作是图以状之。

赞曰："有车辚辚，有骡得得。以载花枝，以驰紫陌。既苦迟延，又虞倾侧。较之马车，天悬地隔。"

春满华堂酒满卮

京中各妓院，屋宇虽宽，然房中俱颇狭窄，故狎客如至院设宴，必在客厅，粉白黛绿环于前，鳖腿龟奴绕于后，较之南方，风景大异。然诵“春满华堂酒满卮”诗，此景此情，恰似对景挂画也，因绘是图。

赞曰：“瓦窑（京中呼妓院曰窑子，故载及之）设宴，春色满堂。有花盈座，有酒盈觞。市侩资富，京官气昂。龟鳖伺候，奔走匆忙。”

一日看遍长安花

北京曲院俗例，凡有生客至院，须由院中本家老妪唤各妓出，向客报呼排一排二，任客选择。客如皆不当意，则可顾而之他，无须破费分文。是以空心大少一流，尽有不掷缠头，而一日看遍长安花者。庚子后，虽有南妓赴北，别为南班，无报名等旧习，然生客例不花钱，仍如曩俗焉。

赞曰："北地有花，可饱馋眼。不费分文，尽教顾盼。一日畅游，百花遍见。曲院招徕，于斯为滥。"

南枝向暖北枝寒

南妓体柔畏寒，北妓体刚畏热，由于得天者半，由于居地者亦半也。惟南妓畏寒，故秋后无不戴帽，若北妓则虽值严冬风雪，尽有科头外出者。韩家潭醉琼林西餐馆，宴宾者叫局最多，每见南北妓寒暖异宜。其现象诚为特别，因作《南枝向暖北枝寒图》。

赞曰："同是花枝，静观可怪。南枝瑟缩，北枝豪迈。冷暖人情，炎凉世态。不道座中，一时多备。"

榆荚常飞买笑钱

北方妓院俗例，凡熟客至院小坐，需花洋蚨一翼，去而复来，复如之，一日三五次，皆如之，是以买笑之资，较之南方为费。且南人至北，每喜南班，不喜北妓，以南班茶围，概不取资，不若北妓之贪得无厌也。作《榆荚常飞买笑钱图》，狎北妓者，奈何以有用之金钱，填无底之欲壑耶。

赞曰："千金买笑，古人豪举。豪举大难，零需亦巨。每次一元，终年几许。爱惜金钱，不如不去。"

花香酒气燕都市

南方妓院，每节必烧路头二次，宣卷一次，嫐客吃酒碰和，北方无之。然每节必开市三日，嫐客吃酒碰和，一如烧路头、宣卷无异，客俱极力报效。（近日京中禁赌，不能碰和，客皆折洋代之。）此风不仅北班有之，南班亦然，亦曲院现象之特别者也，绘图记之。

赞曰："五都之市，万商麇至。乃有狂花，居然设肆。招接客人，零售婊子。和酒连绵，开张伊始。"

呕哑嘲哳难为听

北妓皆尚京调，亦尚大鼓儿词。大鼓儿词者，北方之土曲也，唱时一手击鼓，一手以小竹片为板，咚咚绰绰之声，俗不可耐，仿佛街头之莲花落，且句语粗鄙，不堪入耳。白香山诗“呕哑嘲哳难为听”，此曲近之，因作是图。

赞曰：“咚绰咚绰，鼓板乱拍。下里之歌，北方之乐。其音吱喳，其词淫谑。相赏何人，大多俗客。”

春痕狼藉雨中花

北方马路之坏，与南方大异，盖缘沟水不泄，地土又松，且每日骡车、大车往来其间，最易损路之故。以是每逢天雨，载道泥泞，各妓乘车出局，带水拖泥，其狼狈有不可言喻者，因作《春痕狼藉雨中花图》。

赞曰："重笨之车，泥泞之路。去去水深，行行雨阻。时虑倾欹，难禁颠簸。狼藉花枝，忽仰忽俯。"

郎若闲时来吃茶

北京各妓院，皆纳巡警捐，而捐章分为三等，头等曰清吟小班，二等曰二等茶室，三等则曰三等茶室。纳捐后各于门外悬玻璃灯一盏，以志区别而杜蒙混。大抵小班为富贵人游冶之地，茶室则品格较低，往来者多伧竖一流。作《郎若闲时来吃茶图》，伧竖有欲吃茶者，尽可闲时同往也。

赞曰："同是花丛，何来茶室。较异小班，斯为下级。嫫母现形，狂奴急色。入内吃茶，居然乐极。"

此种原来不是花

京津庚子年以前，冶游者俱尚男风，甚至公卿士大夫，以狎妓为耻，故妓院中鲜有涉足者。自庚子匪乱之后，风气为之一变，于是南风始渐不竞。今则津地已无此污点，北京虽尚有之，然昵之者亦不复如昔日之盛。因作《此种原来不是花图》，以嘲之。

赞曰："子都之姣，宋朝之美。寡耻忘廉，争妍献媚。雌伏堪羞，雄飞有愧。丑兹像姑，狎之无谓。"

南、京、曲、院、之、现、象、

夜泊秦淮近酒家

金陵为六朝佳丽地，花丛代有人才。近日寻欢之所，城内在钓鱼巷，城外则在下关，而房屋俱甚湫隘。以是狎游者每以秦淮河之画舫为消遣地，舫中灯火通明，和酒络绎，夜半后尽有泊舟院外（钓鱼巷各妓院俱在秦淮河畔），喧饮达旦者。作《夜泊秦淮近酒家图》，为南京曲院之现象冠。

赞曰："河水清涟，轻舟欸乃。有客来游，与花同载。酒气霏霏，花光霭霭。风月秦淮，古今不改。"

初为霓裳后绿幺

南京钓鱼巷一带妓院，凡有生客至院猎艳，各妓俱须出外招待，如上海幺二之喊移茶。然惟移茶，照例不唱，南京则能唱者必试唱数句。其间北调南腔，夹杂殊甚，虽无白香山诗“初为霓裳后六幺”之美，然不妨作如是观也，因作斯图。

赞曰：“有客戾止，群花环伺。各奏新声，各矜风致。请君细听，客君平视。视听之娱，无过于是。”

为郎笑把临流盏

金陵各曲院房屋，不甚宽敞者多，而钓鱼巷即在秦淮河畔，故各院皆有水榭（个中人名曰“河厅”）。凡狎客至院开宴，无不设座于此，与上海老旗昌广东妓院之开厅相似，惟一则在陆，一则在水，诵“为郎笑把临流盏”诗，其风景固水胜于陆也，因作是图。

赞曰：“华屋数椽，清溪九曲。雅趣宜人，豪情迈俗。可以娱宾，可以叫局。一醉凭阑，湖光满目。”

满船明月载花来

南京曲院在钓鱼巷者多数，故狎客之叫局侑觞者，亦秦淮河中船局居多。各妓暮夜应征，每驾小船一艘，往来于各大船之侧，尽有由甲船转局至乙船、丙船，而少顷复由丙船、乙船重至甲船，周而复始，徜徉至天色黎明者。“满船明月载花来”，此景此情，殊堪入画也，因作图以记之。

赞曰：“巨舰前行，扁舟后逐。载得花枝，携来丝竹。侑君十觞，敬君一曲。东舫西船，不嫌往后。”

背驮花影过溪桥

南京钓鱼巷妓女出局，凡至秦淮河者，皆乘小舟，昨报已绘之矣。其有叫至公馆等处者，各妓既无车轿，类由龟奴负之而行，踉跄之状，不可言喻。因再作《背驮花影过溪桥图》以嘲之，诚一最特别之现象也。

赞曰：“昔有锺建，曾负季芈。何物贱奴，敢驮艳妓。胸背擦磨，手足摇曳。头颤巍巍，莫教跌地。”

伤心三字点灯笼

“伤心三字点灯笼”，前人咏像姑堂子送客诗也，不谓金陵钓鱼巷各妓院，恰可移咏。盖钓鱼巷一带，街道黑暗，故狎客之往游者，出院时必由龟奴点灯一盏，借以相照。因作斯图，阅者勿误作北京之像姑堂子观也。

赞曰：“夜行以烛，无烛路黑。人静归家，龟奴送客。一盏小灯，十文不值。惧内有人，道旁乱掷。（凡作狎邪游而有季常之惧者，此灯每不敢携归，弃之道左，故云。）”

月移花影过房栊

南京自沪宁火车通行后，下关旅馆林立，顷成市面，北安里一带且多妓院，然以房屋窄小之故，各妓咸往来旅馆，为招蜂引蝶之计，亦有僦居各旅馆内，如兵家之以逸待劳者。“月移花影过房栊”，各旅客殊不寂寞，因作是图，以留艳迹。

赞曰：“天涯作客，昔人所伤。不图逆旅，乃有花香。狂飞绕屋，漫舞由房。夜深月落，足慰凄凉。”

阳春有脚入门来

南京曲院虽多，而狎客之真个消魂者，在院颇非易易，盖由院中耗费甚巨之故（此指钓鱼巷各院而言）。以是客有唤妓至家，以谋缱绻者。诵昔人“阳春有脚入门来”诗，不图阳春之果然有脚，居然入门也，因戏作是图。

赞曰：“春色无边，春光有脚。招之即来，云何不乐。容与调情，伊其相谑。若惜缠头，此为上着。”

苏、州、曲、院、之、现、象、

三更画船穿藕花

苏州离沪地不远，曲院一切现象，与沪略同之处甚多，然亦有为沪地所无，苏地所有者。今约绘数图，排日录报。即如沪妓出游，仅有马车、轿子、汽车、包车，而苏地则船。每当盛暑时，葑门外荷花塘荷花盛开，各妓与客，恒泛小舟，作竟夕游。诵“三更画船穿藕花，花为四壁船为家”诗，此境此情，得少佳趣。因以是图冠之，想阅者当輾然曰，此固吴中独有之景也。

赞曰：“君子之花，美人之艇。十里香浓，三更风定。袅袅花枝，亭亭人影。打桨波心，荷珠乱迸。”

侥幸虎丘传艳迹

虎丘山，一名虎阜，为古吴名胜地。每当春秋佳日，游人咸登山眺览，借豁远眸，而曲院中人，亦俱偕客买舟，由七里山塘，欸乃而至。衣香鬓影，人语橹声，时醉人于心目间。昔人吊真娘墓诗“侥幸虎丘传艳迹”，我观于游虎丘之各妓亦云，因作是图。

赞曰：“溪水一湾，山塘七里。驾只扁舟，携个美妓。渡水水香，登山山丽。韵事虎丘，天然胜地。”

名园花木恣勾留

留园原名刘园，在阊门外，颇擅亭台花木之胜，吴中士女之驾言出游者，恒麇集于此。前数年须买舟而往，或策骑乘舆，近则马路直达阊门，舟车俱便，而马车尤为迅疾。以是曲院中人，每偕狎客往游，其热闹与沪之张园、愚园略无稍异，惟园景则留园较胜耳。因作是图，以觇苏地繁华之一斑。

赞曰："有舟泛泛，有车辚辚。至彼留园，出其阊门。亭台罨画，花草精神。惟士与女，笑语生春。"

百遍相过意未阑

苏垣自阊门外开筑马路之后，亦有马车，曲院中人，每喜乘坐，效上海之所谓出风头者。无如苏地马路不多，只有鸭蛋桥一带圈子可兜，于是甫经兜过，旋复兜回，每有自五六次，以迄七八次，兴犹未已，若有唐人“百遍相过意未阑”之诗意。爰作是图以志之。

赞曰：“遵大路兮，车马倥偬。载驰载驱，自西自东。飞身乍过，劈面重逢。如走马灯，来去匆匆。”

瑶池会上见群仙

苏郡每逢清明、七月半、十月朝，迷信之俗未除，愚民必有赛会之举，曰三节会。届时倾城士女，结伴往观。曲院中人，乃亦买舟水滨，为招蜂引蝶计。故是日船价必昂，且有欲雇不得者。“瑶池会上见群仙”，我于诸妓看会之热闹，爰绘斯图。

赞曰：“迷信之风，三吴最烈。赛会迎神，应时按节。引动游蜂，招来醉蝶。香水溪头，舟船云集。”

玉壶几费买春钱

苏州各曲院，凡狎客至院宴宾，在座者皆须当场给洋二元，名虱台面。此风自昔已然，今虽有所谓包台面者（由主人一人独包，不使他客破费），亦有所谓平台者（不虱台面，谓之平台，既为曲院中人所不喜，亦阔客所不屑为），然虱台面之例，则仍牢不可破。“玉壶几费买春钱”，喜向花间酌酒者，断不能吝此区区也，因作是图。

赞曰：“主人请客，累客破囊。两元照例，一律帮忙。或置碟内，或虱案旁。譬如出彩，须要当场。”

花阴闲坐数榆钱

苏垣各曲院定例，凡客妓至院内应征，当场须给洋一元，名生场钱，一若不给此洋，则此妓似无坐椅，只能在席间侍立者。此风不知始于何时，殊为无理。然龟鸨生财之道，于此可见其穷思极想之工。因借“花阴闲坐数榆钱”诗意以图之。

赞曰：“俗谚有言，立客难当。奈何曲院，须费坐场。入座片刻，解囊一洋。凳头不热，倏已跑光。”

打桨来乘下水船

苏州各灯船，每值炎夏，言必修葺一次，秋凉出厂，出厂之候，游客皆张筵为贺，并飞笺招妓侑觞。是日每客须赏洋二元，个中人名之曰“褪眼镜”。尽有原船并未修葺，而届时亦略悬灯彩，以附于出厂之列者，积习相沿，绝不为怪。因作是图，以觇吴俗。

赞曰：“出厂出厂，各船一样。修理无须，抽丰尽打。彩绸扎来，红灯点上。请褪眼镜，一声谢赏。”

月色花光共一船

苏州有湖田石湖，在胥门外约三十里，极烟水空蒙之致。每值八月中旬，冶游者偕所欢之妓，泛棹湖滨，谓之石湖串月，尤以十八夜为最。“月色花光共一船”，风景殊不恶也。因作是图，特摹写不工，未足状其神似耳。

赞曰：“风月名湖，繁华胜地。如织游人，如花美妓。秋满船头，春深舱里。晨光熹微，舟行未已。”

闲花野草满山春

观音山，在苏州胥门外十余里，与天平山（即范坟）毗连，故凡游天平山者，必绕道游观音山，或舟或骑，不绝于道。山中有寺，曰观音寺，其香汛在每年四月，与普陀、杭州等处之二、六、九月异。每届香汛期内，曲院中人或烧香，或游山，皆买舟而往，泊舟后换乘山轿，迤逦登山。释齐己诗“闲花野草满山春”，其风景有颇堪入画者，因作是图。

赞曰：“古寺云深，空山春暮。不见观音，乃见游女。随喜而来，焚香而去。布施秽钱，缤纷如雨。”

哀丝豪竹客中情

苏垣各曲院，自仓桥浜者亦迁城外后，于是皆聚居阊门马路一带，兰艾杂处，薰莸不分。每有次等妓女，日往来于各旅馆中，为拈花惹草计者，各客以旅中岑寂，正堪借此消遣，每令度曲一二支，照例给以局洋一元。徐石帆诗“哀丝豪竹客中情”，良有以也。因绘是图，为作客者旅中行乐观。

赞曰：“寂寞旅邸，何来蝶使。勾动风情，别饶绮思。一曲清歌，三更逸致。莫道客中，难寻乐事。”

花时未免人来往

苏郡冶游之地，除各曲院外，别有所谓私门头者，城内外小弄中有之，或如小家妇女，或如大家姬妾，客往碰和一次，头资并无定额，大率自洋四元起以迄八元、十元不等，惟无熟人牵引，类俱不得其门而入。诵昔人“花时未免人来往”诗，殊堪移赠若人也。因作斯图，以见花丛中之别有蹊境在。

赞曰：“是藏春坞，是温柔乡。别饶情致，暗吐花香。必须熟魏，可挈生张。曰私门头，秘密欢场。”

绝胜宫女谈天宝

苏垣有所谓女说书者，户悬“弹唱古今全传”门榜，所唱系《双珠凤》《描金凤》《三笑》《白蛇传》等各小说。除公馆宅堂可以招令奏技外，狎游者亦可亲至其家小坐，或点书一二回，借与畅谈风月，盖又冶游中之别开生面者。作《绝胜宫女谈天宝图》，盖若辈弹唱之书，尽有能唱全部者，胜于唐时至白头宫女，闲说玄宗也。

赞曰：“古今小说，有头有尾。唱者津津，听者娓娓。出自女郎，尤为人喜。闲往点书，醉翁之意。”

绿荫幽草胜花时

吴中山水明媚，代产丽人，故当时谈花事者，皆以吴门为冠。抑知荡口等处更产绝妙侍儿，其骨肉之停匀，肌理之细腻，眉目之韶秀，语言之清脆，有非寻常小家碧玉所可同日而语者。“绿荫幽草胜花时”，古人诗，不我欺也。爰作是图，质诸留心花事者，以为何如?

赞曰：“山水钟灵，吴门最妙。既产名花，又多幽草。名花固佳，幽草更好。惹草拈花，有人倾倒。”

鸦、片、烟、毒、之、现、象、

试 吸

偶然高卧学吹箫，一枕游仙破寂寥。不道寂寥初破后，越眠越懒越无聊。
如豆灯光毒焰多，笑君竟学扑灯蛾。点来一盏烧身火，熬炼烟魔与睡魔。
岂因肝胃病难医，西域芙蓉试吸宜。益寿有膏偏促寿，断难愈疾莫矜奇。
漫云作戏可逢场，吐雾吞云尽不妨。雾结云凝成毒障，问君辟毒有何方。

成 瘾

每天戏吸两三回，不吸今朝瘾便来。一似满怀有心事，愁眉双锁不曾开。
心血来潮信有之，宛如潮信不差池。潮来尚有大小汛，瘾发偏无减缩时。
垂头丧气闷昏昏，斜睨灯枪欲断魂。此刻若无烟盒在，土皮到口也须吞。
身体从来贵自由，一成烟瘾此身休。房门虽是无枷锁，瘾若来时等罪囚。

置烟具

并非器用必求精，亦异衣衫体面争。不惜金钱置烟具，穷工极巧太无名。
老枪甘蔗阅年多，杀得人多吸得么。加个芝云张氏斗，黄金满斗尽消磨。
云铜雪白制烟盘，广罩银灯更美观。只恐家财盘剥尽，更防事业火烧完。
钢钎银匣妙无伦，镂刻精工式样新。钎有恶锋能刺骨，匣藏毒药可伤身。

烧烟膏

谁将土药煮烟膏，大广锅中爇炭熬。纵使美名称福寿，那知吸后寿难高。

小土无如大土精，热笼不及冷笼清。煎成宛似膏滋药，不道能将命暗倾。

越陈越好越酸香，煮罢磁缸子细藏。藏到不知年始吸，问君年岁几多长。

或用人参煮法新（富贵家煮烟，有用人参末收入膏中者，故云），道能补体养精神。谁知吸久全无效，争道尊容不像人。

废　时

一从为祟被芙蓉，神思昏迷做事慵。高卧只嫌时刻促，叮当恼恨自鸣钟。
每避朝暾爱夕阳，夕阳欲堕起身忙。起来尚觉精神懒，揭被呼烟不下床。

失　业

三百六十行业纷，行行做事贵辛勤。可怜一吸乌烟后，难耐辛勤不用君。
莫云谋事有何难，另觅经营胆放宽。只恐烟魔人尽忌，未容栖息一枝安。
任尔通天本领工，须防坐吃要山空。伤心渐渐饥寒迫，难把无钱怨命穷。
鞋篮铺盖尽挑回，丧气垂头口不开。追忆童年初习业，那知生业半途灰。

发瘾之苦

蓦上心来意似麻，不思粥饭不思茶。昨天此刻曾如此，今日何曾一刻差。
欠身频把懒腰伸，脑痛头疼眉蹙颦。贵体平时还算健，奈何忽地没精神。
闷来低首暗沉思，大难临身酷似之。早迟每天须受劫，日投罗网悔当时。
谁知竟有恶时辰，无语低头百丑陈。尚想万分装体面，强将有病骗旁人。

脱瘾之苦

呵欠连连不自由，眼花缭乱涕双流。世间最毒推烟瘾，一脱几乎命不留。
额角涔涔汗直淋，四肢冰冷苦难禁。此时若有人瞧见，莫认时邪感冒深。
坐立难安呕吐频，觅来烟榻只横陈。浑身瘫化无些力，仿佛新鲜活死人。
点心饭食不妨迟，强耐饥肠尚可支。只有阿芙蓉作祟，不容差误一些时。

多 病

本来有作有为人，忽变多愁多病身。不是洋烟贻祸烈，如何损却好精神。
一日新鲜三日恹，垂头丧气闷淹淹。提神妙法惟多吸，越吸无如瘾越深。
伤风头痛寻常事，筋骨酸痛节气逢。可笑君家年未老，偏偏老态已龙钟。
缠绵床褥苦无穷，血肉烧枯骨髓空。病到不堪回首处，纵投参术也无功。

弱 种

谁云生子不须强，难道无须后代昌。一自烟霞受遗毒，可怜怯弱到文郎。

自家已是骨如柴，安望麟儿风采佳。有种从来能像种，分明尊驾即招牌。

休将养鸟笑张公（俗言“张公养鸟，越养越小”），养子今如养鸟同。只恐长成殊不易，一枝烛小不禁风。

纵使宗祧一线延，暗将侥幸谢苍天。蝼蛄蚂蚁堪惊怕（“蝼蛄养出蚂蚁来，一代不如一代”，亦谚语也），不比螽斯世泽绵。

夏日剥肤

夏日炎熇不可当，解衣磅礴汗如浆。奈何再抱烟枪卧，遍体如焚热欲狂。

易爻曾筮剥肤凶，寸寸肌肤被灼同。人自乘凉君向火，一灯如豆怕通风。

聚蚊声响欲成雷，啮血飞飞榻畔来。不敢手持葵扇扑，任他饱噬似应该。（吸烟人不敢驱蚊，防蚊死遗血入烟，吸之立毙也，故云。）

跳蚤蜰虫惯喋人，瘾来忍受莫生嗔。霎时咬得浑身块，顾口堪怜不顾身。

寒宵受苦

飒飒西风入夜寒，拥衾猬缩欲成团。中宵奈被烟魔扰，吐雾吞云睡不安。
此身仿佛在冰床，斜拨烟钎指欲僵。卧久更怜双脚冷，四肢麻木意仓皇。
岂真地狱有寒冰，鬼气森森满室凝。似恐夜深人冻毙，引魂先点枕边灯。
鸡声三唱曙星孤，犹抱烟枪拼命呼。思饮热茶聊取暖，茶壶奈已变冰壶。

胖子变成瘦子

岂憎脑满与肠肥，变个侏儒具体微。烟量愈深人愈瘦，风前直欲不胜衣。
卷帘无语瘾来时，愁对黄花有所思。去岁不知秋气冷，今秋底事冷先知。
偶将小照比尊容，昔日而今竟不同。失却庐山真面目，嘴尖腮缩丑重重。
笑君原是一般身，先后如何似两人。骨髓渐枯肤半死，可怜将与鬼为邻。

活人几似死人

一只灵床帐不张，不分白昼与昏黄。长眠只是朦胧睡，景象依稀在北邙。
磷火荧荧照面青，手瘫脚软态伶仃。夜深闭目烟迷易，一点灵魂入杳冥。
人睡俗云如小死，醒来活泼复为人。如君那有生人气，终岁迷茫鬼趣真。
夜半烟枪忽发声，呜呜疑是鬼哀鸣。此时若有人看见，眼挖肩扛恶相呈。

室人交谪

宅乱家翻太不堪，阿谁度量尽包涵。只因误入烟霞窟，自己先将大错担。
非关最毒妇人心，鼓舌摇唇冷语侵。一自嗜烟生恶感，夫妻怨恨结来深。
七件开门百不关，尽贪安卧尽贪闲。愁贫莫怪家人责，家业如潮去不还。
苦口良言谏未能，谏郎反恐受郎憎。会须放出蛮妻手，劈碎烟枪摔碎灯。

家业凋零

祖宗创业最艰辛，保守殷殷嘱后人。不道君家无赖甚，烟魔作耗渐忧贫。
本来坐吃要山空，困吃须知更易穷。短榻一张烟一管，奈何只是睡朦胧。
自家讨苦自家熬，敢道贫穷命里招。若使命中真注定，败家何待到今朝。
出门渐渐见人羞，裘敝囊空黯黯愁。后悔已嗟来不及，老枪况复几时丢。

旅行受累

丈夫志在四方游，一吸洋烟不自由。行李铺陈懒收拾，未经过瘾尽迟留。
启程天气已昏黄，新月初升皎似霜。人尽欲眠君甫出，白天高卧夜行忙。
陆行车马水行船，车马劳劳怎吸烟。船上欲思呼几口，风狂浪急那能眠。
偶经野店与山村，无处挑膏欲断魂。地陌生疏命呼吸，一灯空对泣黄昏。

误事堪憎

任他有事大如天，瘾若来时只吸烟。焦急煞人君不管，横陈一榻尽高眠。
箫管呜呜响不停，旁人催促未曾听。尚言稍缓无妨事，再吸一筒侬便灵。
人言出马一条枪，办事锋芒不可当。那料君家枪法坏，手中牢握误时光。
岂真急事慢行佳，故意迟迟不在怀。若说今朝有明日，明朝仍恐欠调排。

官界惊慌

官场私下吸烟多，新政惊心禁令苛。最是衙参瞒不得，肩扛颈缩背心驼。

辕门伺候暗心慌，耽搁时多更着忙。烟瘾忽来无设法，吞泡苦煞少茶汤。

验尸踏勘费工夫，暗暗流来涕泪枯。不好公然带烟具，解嘲忙煞鼻烟壶。

近来大吏亦担忧，御史严参情不留。白简一登须调验，大官顷刻等牢囚。

绅董惶恐

绅董从来品望尊，清高家世仰华门。如何甘作乌烟鬼，全没些儿体面存。
出门舆马大排衙，赫赫尊称叫老爷。底事烟容太难看，禁烟局里要稽查。
最怕今朝公会开，名人演说要登台。倘然说着洋烟害，笑骂如何受得来。
已戒嗤君未必真，江东父老暗生嗔。地方表率须绅董，似尔何能表率人。

军人丧气

绿营积习太堪伤，个个呼烟作鬼王。一杆老枪勤练习，那能再练后膛枪。
卧拥貔貅暮气森，烟痕团作阵云阴。夜阑不必传刁斗，各有横箫发异音。
养军千日耗钱粮，更耗烟膏实恐惶。况复敌来逃不得，腿酸脚软态郎当。
龙旗影里阵门开，一队烟精拥出来。古有乌鸦军最狠，而今鸦片却成灾。

学子怀惭

学子莘莘迥不同，群呼中国主人翁。算来神圣难侵犯，谁料烟魔魅尔凶。
向憎旧学嗜烟多，新学如何也爱他。草帽革靴何处去，挑膏店里几回过。
最惊投考报名时，忒忒心中不自持。莫被烟容查看出，遭人驱逐受人嗤。
谁言学术贯中西，愧煞尊名黑籍题。却诧夜间勤不寐，三更灯火五更鸡。

气死爷娘

人皆养子望成人，爱护无殊掌上珍。不道养成鸦片鬼，那堪一见即生嗔。
辜负深恩鞠育多，老人饮恨泪滂沱。早知不肖诒人笑，莫若当年不养他。
万贯家财渐次光，一齐交给与灯枪。眼看衰败何如死，趁早遗骸葬北邙。
家门不幸复何言，郁郁常沉黑籍冤。地下定知难瞑目，阴魂夜夜绕花园。

祸延妻子

黑祸流传最可伤，岂徒家破与人亡。灯枪若作传家宝，祸及妻儿定要防。
夫妇餐霞兴太浓，并头对卧语喁喁。夜深忽作牛衣泣，共拥烟盘怨命穷。
有子人人望克家，奈何世泽衍烟霞。可怜多少青年子，大半门风误阿爷。
小儿胎瘾更堪伤，弱质伶仃必易殇。说甚一喷能一醒，九原啜泣怨爷娘。

祖宗饮恨

祖宗皆望后人贤，岂愿儿孙嗜大烟。遗泽就湮家业落，可怜饮恨到重泉。
谁教辱没好门风，辱没门风辱祖宗。多道祖宗造何孽，吸烟吸得子孙穷。
漫将一陌纸钱焚，已过清明始上坟。不顾香烟勤祭扫，祸根多半误烟氛。
尔亦将来有后人，后人似尔可生嗔。莫言自有儿孙福，供养烟霞不碍贫。

亲友批评

亲友交情亲爱多，良言苦口责非苛。倘君不染烟霞癖，却虑旁人说什么。
正言厉色细评论，犹见人心直道存。最怕鼻嗤兼目笑，无言默默笑君昏。
面前背后语喧哗，一样批君瘾越加。莫怪人家管闲事，须知原是自家羞。
算来无面见江东，应悔当初黑籍通。止谤自修须早戒，回头莫吸阿芙蓉。

烟馆难容

明诏煌煌忽禁烟，烟寮无复许君眠。瘾来何处开灯吸，可叹囊中空有钱。
旧日堂倌已弃行，旧时帐伙别经商。不堪重向门前过，招待无人心暗伤。
惭愧昂藏七尺身，徘徊道左苦逡巡。丧家有狗差相似，就食无从觅主人。
纵然暗地有私灯，大胆无妨卧榻登。只恐捉将官里去，狼差虎役肆欺凌。

公堂受罚

问君何事到公堂，泪眼愁眉黯自伤。大瘾未过奇祸至，不知要罚几多洋。
曲背伛腰诉口供，误拘两字把官朦。奈君满脸烟霞气，狡辩虽工貌不工。
并非奸盗与邪淫，匍匐公廷越愧心。小过也须受裁判，乌烟真是害人深。
体面堪怜一世伤，无钱况要押班房。班房那有烟来吸，饿瘪烟虫欲断肠。

典质衣衫

四季衣衫为御寒，脱来典质可心酸。奈何不把身躯顾，但愿烟霞得饱餐。
伤心倒箧更翻箱，典罢新衣典旧裳。只为瘾来熬不得，甚于辘辘转饥肠。
忍心搜刮到裙钗，值价无如首饰佳。更把嫁时衣典尽，有烟不怕失和谐。
寿衣防老制来精，救急多从质库呈。拼死无衣裹烟膏，眼前瘾发要求生。

抵卖田产

先人创业最艰辛，保守殷殷望后人。不道后人俱抵卖，嗜烟只为惭家贫。
岂因遁窟有烟霞，身外无须再顾家。只要烟霞常管领，不求片瓦把身遮。
钻头觅缝乞财东，到处逢人恳作中。急煞有财斯有土，无钱难买阿芙蓉。
酒馆茶坊写纸张，卖加绝叹费商量。祖宗怒目儿孙泣，家业和烟消灭光。

仆婢四散

本是呼奴使婢家，忽然衰败暗嗟呀。可怜门第如烟散，不复排场阔老夸。
再无扦子手装烟，斜对孤灯短榻眠。白昼黄昏谁是伴，只余形影自相怜。
昔时仆妇替铺床，艳婢烹茶倒水忙。今日皆须亲动手，瘾来无力苦难当。
庖丁已去饭谁烧，累得妻怒心暗焦。曲突无烟烟在室，室中忙煞一枝箫。

器皿一空

居家器具岂能无，茶要杯儿酒要壶。底事嗜烟俱卖却，不分美恶与精粗。
台子全无椅子光，坐眠只靠一张床。眼前偏剩伤心物，烟具完全摆榻旁。
唤得专收旧货人，任他杀价暗酸辛。只缘要救烟虫急，不敢争多恐被嗔。
卖完渐渐剩空房，四壁萧条剧惨伤。怨否自家烟量大，家生全副腹中藏。

破屋迁居

败屋颓垣那可居，漫云吾亦爱吾庐。只缘误嗜烟霞趣，屡屡移家屡不如。

不堪回首旧华堂，冬日温和夏日凉。今日四时皆在狱，残烟断壁护囚床。

筚门圭窦夜深寒，斜抱烟枪卧不安。空穴况多风习习，瘾来欲点一灯难。

非关沧海与桑田，世事荣枯有变迁。不是阿芙蓉作怪，笑君何至破棚眠。

沿街借贷

人到无钱受累多，东移西借费张罗。况君因受乌烟害，资助无人可奈何。
不比无柴缺米粮，央亲觅友好商量。挑烟自觉难开口，莫道区区几角洋。
绕过长街又短街，相逢素识喜心怀。佯言改过将烟戒，买药无钱泪暗揩。
尾随唧唧复哝哝，要救垂危烟瘾虫。几次三番坚发誓，下回不敢望通融。

拉车无力

本是翩翩大少爷，当年可恨吃烟差。而今蹩脚真无奈，拉部东洋人力车。
本来骨脆又筋柔，那得拖车代马牛。烟瘾发时更无力，难禁两脚软休休。
白昼高眠黑夜奔，熬辛只在一黄昏。经行忽到伤心处，路过旧时烟馆门。
汗流浃背气如丝，臂折腰酸步履迟。坐客高声骂烟鬼，倒霉遇尔活僵尸。

小贩难为

小富由勤自古然，要勤那可吸洋烟。劳劳负贩非君业，懒散身躯难博钱。
市场已散欲黄昏，始向街头款款奔。任尔东西销路好，那堪买客半关门。
肩难背负手难提，沿路蹒跚黯惨凄。无奈极声频叫卖，瘾来偏又口音低。
难得今朝生意高，卖完不甚费奔跑。定心偏想还烟债，腰内依然没半毫。

寒到无衣

飒飒西风澈骨寒，有人瑟缩泣衣单。可怜多少皮绵服，都向烟筒头吸完。
老妻抖战小儿啼，举目悲酸入耳凄。却怪君家心似铁，捉襟犹是着烟迷。
白天熬过夜难当，滴水成冰冷更狂。手颤装烟装不得，扯团败絮裹烟枪。
只望天公出太阳，黄绵袄子暖洋洋。那知日出君偏卧，卧拥烟灯冻欲僵。

饥来乏食

红日斜西腹尚枵，嗷嗷待哺黯心焦。星星一盏烟灯火，无米无柴饭怎烧。
敢将中馈责娇妻，瞥见娇妻掩面啼。嗔说吸烟难当饱，奈何郎尚着烟迷。
儿女号啕泪似梭，牵衣絮聒话偏多。阿爷只把烟来吸，隔壁人家饭吃过。
一餐如此竟难谋，一日三餐何处求。莫怪人呼鸦片鬼，饿成世上活骷髅。

妻孥无奈帮佣

人家个个有妻孥，乐尔妻孥与不孤。偏是君家难养活，帮佣一任泣穷途。
嫁鸡自古要随鸡，嫁得烟虫怨命低。家产败光难度日，伤心竟作活离妻。
不望爷将祖业传，但能温饱已安然。那知爷被乌烟窘，只好佣工自觅钱。
襆被携衣随处奔，任人使唤泪频吞。讶君偏是心肠硬，还要借钱寻上门。

儿女伤心出卖

生儿育女望兴家，可怪君家做事差。只为吸烟俱卖却，无人绕膝复呼爷。
娇小浑如掌上珍，谓他人父暗酸辛。卖钱挑得烟多少，吸到完时可怜神。
儿为僮仆女为娼，想到飘零欲断肠。多为芙蓉城主害，一家星散剧凄惶。
从此团圞不可期，伤心骨肉永分离。老来始觉无儿苦，烟鬼可怜后悔迟。

流为乞丐

愧煞当年大少爷，谁教痼癖染烟霞。而今乞食成流丐，烟不能呼饭不赊。
伍员吴市惨吹箫，欲报亲雠腹受枵。君没亲雠何落魄，横箫吹得太无聊。
漂流亦异郑元和，嫖尽金钱教唱歌。色界翻身还有日，永沉黑狱是烟魔。
东张西望上街头，叱咤惊闻掩面羞。回忆一灯相对夜，那知今日有穷愁。

学作偷儿

当年忘命大烟抽，今日无钱入下流。不替祖宗争口气，居然东摸更西偷。
只因骨懒又筋疲，行业虽多不可为。无本生涯无过贼，一双空手觅烟资。
月黑风高试出行，扒墙挖壁拍闻声。东西到手忙逃走，为恐瘾来跑不成。
可怜烟骨瘦支离，若被拿牢命必危。一顿乱拳如雨点，伤心还要吃官司。

无地可容

大地茫茫乐土多，任人安住或奔波。叹君一入乌烟障，无路可投没奈何。
伤心露宿夜来寒，巷口街头睡不安。悔否当初太贪逸，横陈一榻紫霞餐。
最怕宵深警察过，暗灯一盏夜巡逻。无情驱逐呼烟鬼，奔走稍迟一把拖。
置身无地不胜愁，身后萧条更可忧。一口薄棺谁买给，替收烟骨葬荒丘。

寻亲被斥

吸得乌烟不像人，恶求惨诈去寻亲。昔时犹在街头守，今日登门不怕嗔。
呵斥惊闻口怒开，高声痛骂不成材。侬家亲戚知多少，要尔鸦片烟鬼来。
遮拦不敢竟登堂，倚住门闾靠住墙。黄犬也知烟状丑，左旋右绕吠声狂。
恼得人家恨满胸，狠心驱逐棒槌凶。烟躯无肉难挨打，只好惊逃没影踪。

粥厂度活

冷炙残羹欲饱难，沿门托钵惨心酸。忽闻施粥新开厂，抖擞烟神乞一餐。
脚软郎当步不前，烟容憔悴有谁怜。似听耳畔人嘲笑，粥厂疗贫不救烟。
一碗盛来薄似汤，再添一碗没商量。幸亏食量因烟窄，足饱君家瘪肚肠。
活得一天便一天，领筹吃粥不须钱。粥香万倍烟香好，始悔当初误吸烟。

善堂收留

乞得乡绅片一张，进堂去吃老人粮。不图绝好烟霞窟，后路原来是善堂。
老人堂里老人多，未老如何骗得过。深喜烟容本枯瘠，更兼背曲与腰驼。
照例烟民不准收，幸亏堂董大来头。眼开眼闭留君住，若吃烟泡却要搜。
堂衣一件蔽严寒，堂饭连朝得饱餐。烟鬼似君还有寿，苟延残喘把身安。

戒烟脱逃

才得安身又着惊，住堂须要守章程。连番催把洋烟戒，性命交关活不成。
自顾孱躯瘦可怜，若教断瘾必归泉。欲求生路无过走，还是漂流啾几年。
挨挨摸摸出堂门，怕有人追欲断魂。逃至半途偏瘾发，郎当两脚不能奔。
叹尔天生贱骨头，命中犯定没收留。从今一任将烟吸，不死堪怜决不休。

投缳求救

既无饭吃又无烟，要活一天难一天。巧计安排拼一死，博人搭救望人怜。
似尔为人本可惭，纵然一死有何关。人家救尔因心软，人自软心尔厚颜。
伪言将死哭啼啼，只怪生来命运低。尔不吸烟何至此，穷途休把命宫提。
性命穷人最值钱，那能一死把身捐。况君若死无人救，现世谁将丑态传。

废民注册

劝尔戒烟尔不依，而今注册没光辉。废民佳号虽堪具，回首应知昔日非。
士农工商构四民，个人资格各堪循。笑君特别偏称废，已废如何算得人。
烟鬼头衔早受封，算来不及废民凶。人呼烟鬼犹虚话，自认烟民是实供。
从今一事不须为，穷饿终身等死期。尔死一身何足道，废民两字却留遗。

烟鬼下场

画得新图五十张，欲教烟界醒黄粱。许多现象今朝毕，且请诸公看下场。
吸烟最怕病来磨，一病难瘳可奈何。要想吃烟呼不得，抽肠刮肚苦头多。
更防烟漏犯来凶，似把通条服内通。烟积烟油多泻却，那消几日命归空。
二百新诗信手成，题来末首放悲声。伤心我为烟民哭，莫到临终百感生。

后 记

三十多年前，我买了一套广东人民出版社影印的《点石斋画报》，线装五函四十四册。那是我最早接触的晚清石印画报，引起极大的兴趣，从中略窥了几乎陌生的晚清世界，知道了不少当时社会生活的细琐。不久，怀旧题材的图文书开始盛行，我用它编了两套书，一套是古吴轩出版社的《晚清社会新闻图录》，一套是江苏人民出版社的《晚清写照丛书》，后者还请陈平原先生写了一篇总序。

与《点石斋画报》同享盛名的是《图画日报》，虽然早就知道，但看到它的全本已是本世纪初了，那就是上海古籍出版社影印的精装八册。与《点石斋画报》不同，它按内容分置栏目，眉目清晰，且不同栏目有不同画风。当时让我感到其中最有意思的是“营业写真”一栏，共四百五十六幅，描绘了上海及邻近地区的各式行当，我在编《三百六十行图集》时就将它收入了。想不到这一套两册的图集很是销行，坊间竟然还出现了盗版本。后来西泠印社又将《营业写真》单独影印，加副题“晚清江湖百业”，线装一函两册，也重印多次。

虽然晚清石印画报的影印、选辑已有不少，在研究和描述上也取得不少成绩，但就其总体存在规模来说，做得仍很不够。这本《晚清现象》的编集，就是想再做一点普及的事，让有兴趣的读者在回望晚清社会生活时，打开一扇尘封已久的窗棂，更直观、更具体、更深入地作一番了解。举个例子，本书中的“上海社会之现象”，翔实地记录了晚清服饰时尚，却未被服饰史研究者所注意；四种“曲院之现象”，提供了晚清上海、北京、南京、苏州的娼妓史料，尤以上海为最丰富，也未被娼妓史研究者所引用。

本书图版文字，据原文点录，凡繁体字、俗字改为通行简化字。惟原本图文合一，以图为主，以文为副，但与《点石斋画报》《时事画报》等比较，《图画日报》的图文关系已显得局促，甚至互侵。因此根据书装家周晨先生的建议，将图文分离，突出图像，文字则点录排印，使得版面较为舒朗，更便于现代阅读。

王稼句

二〇一九年十二月三十一日